जयशंकर प्रसाद का जन्म वाराणसी में सन् 1889 (माघ शुक्ल दशमी, संवत 1946 विक्रम) में हुआ। इनके पितामह का नाम शिवरत्न साहु था, जो वाराणसी के एक प्रतिष्ठित व्यापारी थे। प्रसाद जी के पिता का नाम देवीप्रसाद साहु था। इनका परिवार अतिशय सम्पन्न था और इस परिवार की दानशीलता चहुँओर विदित थी।

जयशंकर प्रसाद के परिवार वाले भगवान् शिव को अपना ईष्टदेव मानते थे और इनके जन्म के लिए माता-पिता ने शिव की बड़ी आराधना की। इनकी प्रारम्भिक शिक्षा घर पर ही हुई। इन्हें शुरु में संस्कृत, हिन्दी, फारसी और उर्दू की शिक्षा दी गई। कुछ समय के पश्चात् उन्होंने वाराणसी के क्वीन्स कॉलेज में आठवीं कक्षा तक की पढ़ाई की और फिर छोड़ दिया। बारह वर्ष की अवस्था में इनके पिता की मृत्यु हो गई, जिसके पश्चात् कुछ समय में ही गृहकलह के कारण परिवार की आर्थिक स्थिति बिलकुल बदल गई। यक्ष्मा-रोग के कारण उनका निधन असमय ही 15 नवंबर 1937 ईस्वी को हो गया।

प्रसाद जी ने नौ वर्ष की अवस्था मे 'कलाधर' उपनाम से एक सवैया लिखा था। तदनन्तर इनका लेखन नियमित चलता रहा। *चित्राधार* इनका प्रथम रचना-संग्रह है, जिसका प्रकाशन सन् 1906 में हुआ। इसमें कविता, कहानी, नाटक, निबन्ध इत्यादि सबकुछ संगृहीत हैं। पहले की रचनाओं की तुलना में *कानन-कुसुम* में नई भावाभिव्यक्ति है।

कामायनी

जयशंकर प्रसाद

रूपा एण्ड कंपनी

कापीराईट © रूपा एण्ड कम्पनी 2010

प्रथम प्रकाशन : 2010

प्रकाशक : **रूपा पब्लिकेशन्स इंडिया प्राइवेट लिमिटेड**
7/16, अंसारी रोड, नई दिल्ली 110 002

सेल्स सेन्टर:
इलाहाबाद   बैंगलूरू   चंडीगढ़   चेन्नई
हैदराबाद   जयपुर   काठमाण्डू
कोलकता   मुम्बई

मुद्रक : श्री मैत्रे प्रिन्टेक प्राइवेट लिमिटेड
ए-84, सेक्टर-2, नौएडा

आमुख

आर्य-साहित्य में मानवों के आदिपुरुष मनु का इतिहास वेदों से लेकर पुराण और इतिहासों में बिखरा हुआ मिलता है। श्रद्धा और मनु के सहयोग से मानवता के विकास की कथा को, रूपक के आवरण में, चाहे पिछले काल में मान लेने का वैसा ही प्रयत्न हुआ हो जैसा कि सभी वैदिक इतिहासों के साथ निरुक्त के द्वारा किया गया, किन्तु मन्वन्तर के अर्थात् मानवता के नवयुग के प्रवर्त्तक के रूप में मनु की कथा आर्यों की अनुश्रुति में दृढ़ता से मानी गयी है। इसलिए वैवस्वत मनु को ऐतिहासिक पुरुष ही मानना उचित है। प्रायः लोग गाथा और इतिहास में मिथ्या और सत्य का व्यवधान मानते हैं। किन्तु सत्य मिथ्या से अधिक विचित्र होता है। आदिम युग के मनुष्यों के प्रत्येक दल ने ज्ञानोन्मेष के अरुणोदय में जो भावपूर्ण इतिवृत्त संग्रहीत किये थे, उन्हें आज गाथा या पौराणिक उपाख्यान कहकर अलग कर दिया जाता है; क्योंकि उन चरित्रों के साथ भावनाओं का भी बीच-बीच में सम्बन्ध लगा हुआ-सा दीखता है। घटनाएँ कहीं-कहीं अतिरंजित-सी भी जान पड़ती हैं। तथ्य-संग्रहकारिणी तर्कबुद्धि को ऐसी घटनाओं में रूपक का आरोप कर लेने की सुविधा हो जाती है। किन्तु उनमें भी कुछ सत्यांश घटना से सम्बद्ध है ऐसा तो मानना ही पड़ेगा। आज के मनुष्य के समीप तो उसकी वर्तमान संस्कृति का क्रमपूर्ण इतिहास ही होता है; परन्तु उसके इतिहास की सीमा जहाँ से प्रारम्भ होती है; ठीक उसी के पहले सामूहिक चेतना की दृढ़ और गहरे रंगों की रेखाओं से, बीती हुई और भी पहले की बातों का उल्लेख स्मृति-पट पर अमिट रहता है; परन्तु कुछ अतिरंजित-सा। वे घटनाएँ आज विचित्रता से पूर्ण जान पड़ती

हैं। सम्भवतः इसीलिए हमको अपनी प्राचीन श्रुतियों का निरुक्त के द्वारा अर्थ करना पड़ा, जिससे कि उन अर्थों का अपनी वर्तमान रुचि से सामंजस्य किया जाए।

यदि श्रद्धा और मनु अर्थात् मनन के सहयोग से मानवता का विकास रूपक है, तो भी बड़ा ही भावमय और श्लाघ्य है। यह मनुष्यता का मनोवैज्ञानिक इतिहास बनने में समर्थ हो सकता है। आज हम सत्य का अर्थ घटना कर लेते हैं। तब भी उसके तिथि-क्रम मात्र से सन्तुष्ट न होकर, मनोवैज्ञानिक अन्वेषण के द्वारा इतिहास की घटना के भीतर कुछ देखना चाहते हैं। उसके मूल में क्या रहस्य है? आत्मा की अनुभूति! हाँ, उसी भाव के रूप-ग्रहण की चेष्टा सत्य या घटना बनकर प्रत्यक्ष होती है। फिर वे सत्य घटनाएँ स्थूल और क्षणिक होकर मिथ्या और अभाव में परिणत हो जाती हैं। किन्तु सूक्ष्म अनुभूति या भाव, चिरंतन सत्य के रूप में प्रतिष्ठित रहता है, जिसके द्वारा युग-युग के पुरुषों की और पुरुषार्थों की अभिव्यक्ति होती रहती है।

जल-प्लावन भारतीय इतिहास में एक ऐसी ही प्राचीन घटना है, जिसने मनु को देवों से विलक्षण, मानवों की एक भिन्न संस्कृति प्रतिष्ठित करने का अवसर दिया। वह इतिहास ही है। **'मनवे वै प्रातः' इत्यादि से घटना का उल्लेख शतपथ ब्राह्मण के आठवें अध्याय में मिलता है।** देवगण के उच्छृंखल स्वभाव, निर्बाध आत्मतुष्टि में अन्तिम अध्याय लगा और मानवीय भाव अर्थात् श्रद्धा और मनन का समन्वय होकर प्राणी को एक नये युग की सूचना मिली। इस मन्वन्तर के प्रवर्त्तक मनु हुए। मनु भारतीय इतिहास के आदिपुरुष हैं। राम, कृष्ण और बुद्ध इन्हीं के वंशज हैं। शतपथ ब्राह्मण में उन्हें श्रद्धादेव कहा गया है, "श्रद्धादेवो वै मनुः" (का. 1 प्र. 1)। भागवत में इन्हीं वैवस्वत मनु और श्रद्धा से मानवीय सृष्टि का प्रारम्भ माना गया है।

"ततो मनुः श्राद्धदेवः संज्ञायामास भारत
श्रद्धायां जनयामास दशपुत्रन् स आत्मवान्।"

(9-1-11)

छांदोग्य उपनिषद् में मनु और श्रद्धा की भावमूलक व्याख्या भी मिलती

है। "यदावै श्रद्धधाति अथ मनुते नाऽश्रद्धधन् मनुते" यह कुछ निरुक्त की-सी व्याख्या है। ऋग्वेद में श्रद्धा और मनु दोनों का नाम ऋषियों की तरह मिलता है। श्रद्धा वाले सूक्त में सायण ने श्रद्धा का परिचय देते हुए लिखा है, "कामगोत्रजा श्रद्धानामर्षिका"। श्रद्धा कामगोत्र की बालिका है, इसीलिए श्रद्धा नाम के साथ उसे कामायनी भी कहा जाता है। मनु प्रथम पथ-प्रदर्शक और अग्निहोत्र प्रज्जवलित करनेवाले तथा अन्य कई वैदिक कथाओं के नायक हैंः—"मनुर्हवा अग्रे यज्ञेनेजे; यदनुकृत्येमाः प्रजा यजन्ते" (5-1 शतपथ)। इनके सम्बन्ध में वैदिक साहित्य में बहुत-सी बातें बिखरी हुई मिलती हैं; किन्तु उनका क्रम स्पष्ट नहीं है। जल-प्लावन का वर्णन शतपथ ब्राह्मण के प्रथम काण्ड के आठवें अध्याय से आरम्भ होता है, जिसमें उनकी नाव के उत्तरगिरि हिमवान प्रदेश में पहुँचने का प्रसंग है। वहाँ ओघ के जल का अवतरण होने पर मनु भी जिस स्थान पर उतरे उसे मनोरवसर्पण कहते हैं। "अपीपरं वै त्वा, वृक्षे नावं प्रतिबध्नीष्व, तं तु त्वा मा गिरौ सन्त मुदकमन्तश्चैत्सीद् यावद् यावदुदकं समवायात्—तावत् तावदन्व-वसर्पासि इति स ह तावत् तावदेवान्ववससर्प। तदप्येतदुत्तरस्य गिरेर्मनोरवसर्पणमिति। (8-1)"

श्रद्धा के साथ मनु का मिलन होने के बाद उसी निर्जन प्रदेश में उजड़ी हुई सृष्टि को फिर से आरम्भ करने का प्रयत्न हुआ। किन्तु असुर पुरोहित के मिल जाने से इन्होंने पशु-बलि कीः—"किलाता-कुली—इति हासुर ब्रह्मावासतुः। तौ होचतुः—श्रद्धादेवो वै मनुः—आवं नु वेदावेति। तौ हागत्योचतुः—मनो! बाजयाव त्वेति।"

इस यज्ञ के बाद मनु में जो पूर्व-परिचित देव-प्रवृत्ति जाग उठी; उसने इड़ा के सम्पर्क में आने पर उन्हें श्रद्धा के अतिरिक्त एक दूसरी ओर प्रेरित किया। इड़ा के सम्बन्ध में शतपथ में कहा गया है कि उसकी उत्पत्ति या पुष्टि पाक यज्ञ से हुई और उस पूर्ण योषिता को देखकर मनु ने पूछा कि "तुम कौन हो?" इड़ा ने कहा "तुम्हारी दुहिता हूँ"। मनु ने पूछा कि "मेरी दुहिता कैसे?" उसने कहा "तुम्हारे दही, घी इत्यादि के हवियों से ही मेरा पोषण हुआ है।" "तां ह" मनुरुवाच—"का असि" इति। "तव दुहिता" इति। "कथं भगवति? मम दुहिता" इति। (शतपथ 6 प्र. 3 ब्रा.)

इड़ा के लिए मनु को अत्यधिक आकर्षण हुआ और श्रद्धा से वे कुछ खिंचे। ऋग्वेद में इड़ा का कई जगह उल्लेख मिलता है। यह प्रजापति मनु की पथ-प्रदर्शिका, मनुष्यों का शासन करनेवाली कही गई है। "इड़ामकृण्वन्मनुषस्य शासनीम्" (1-31-11 ऋग्वेद)। इड़ा के सम्बन्ध में ऋग्वेद में कई मंत्र मिलते हैं:—"सरस्वती साधयन्ती धियं न इड़ा देवी भारती विश्वतूर्तिः तिस्रो देवीः स्वधयावर्हि रेदमच्छिद्रं पान्तु शरणं निषद्य।" (ऋग्वेद—2-3-8) "आनो यज्ञं भारती तूय मेत्विड़ा मनुष्वदिह चेतयन्ती। तिस्रो देवीर्वर्हिरिदं स्योनं सरस्वती स्वपसः सदन्तु"। (ऋग्वेद—10—110—8) इन मंत्रों में मध्यमा, वैखरी और पश्यन्ती की प्रतिनिधि भारती, सरस्वती के साथ इड़ा का नाम आया है। लौकिक संस्कृत में इड़ा शब्द पृथ्वी अर्थात् बुद्धि, वाणी आदि का पर्यायवाची है:—"गो भू वाचस्त्विड़ा इला"—(अमर)। इस इड़ा या वाक् के साथ मनु या मन के एक और विवाद का भी शतपथ में उल्लेख मिलता है, जिसमें दोनों अपने महत्त्व के लिए झगड़ते हैं:—"अथातोमनसश्च" इत्यादि (4 अध्याय 5 ब्राह्मण) ऋग्वेद में इड़ा को घी, बुद्धि का साधन करने वाली, मनुष्य को चेतना प्रदान करनेवाली कहा है। पिछले काल में सम्भवतः इड़ा को पृथ्वी आदि से सम्बद्ध कर दिया गया हो, किन्तु ऋग्वेद 5—5—8 में इड़ा और सरस्वती के साथ मही का अलग उल्लेख स्पष्ट है। "इड़ा सरस्वती मही तिस्रोदेवी मयोभुवः" से मालूम पड़ता है कि मही से इड़ा भिन्न है। इड़ा को मेधसवाहिनी नाड़ी भी कहा गया है।

अनुमान किया जा सकता है कि बुद्धि का विकास, राज्य-स्थापना इत्यादि इड़ा के प्रभाव से ही मनु ने किया। फिर तो इड़ा पर भी अधिकार करने की चेष्टा के कारण मनु को देवगण का कोपभाजन होना पड़ा। 'तद्वै देवानां आग आस' (7—4—शतपथ)। इस अपराध के कारण उन्हें दण्ड भोगना पड़ाः—"तंरुद्रोऽभ्यावन्य विव्याध" (7-4-शतपथ) इड़ा देवत्ताओं की स्वसा थी। मनुष्यों को चेतना प्रदान करनेवाली थी। इसलिए यज्ञों में इड़ा-कर्म होता है। यह इड़ा का बुद्धिवाद श्रद्धा और मनु के बीच व्यवधान बनाने में सहायक होता है। फिर बुद्धिवाद के विकास में, अधिक सुख की खोज में, दुःख मिलना स्वाभाविक है। यह आख्यान इतना प्राचीन है कि इतिहास

आमुख

में रूपक का भी अद्भुत मिश्रण हो गया है। इसीलिए मनु, श्रद्धा और इड़ा इत्यादि अपना ऐतिहासिक अस्तित्व रखते हुए, सांकेतिक अर्थ की भी अभिव्यक्ति करें तो मुझे कोई आपत्ति नहीं। मनु अर्थात् मन के दोनों पक्ष, हृदय और मस्तिष्क का सम्बन्ध क्रमशः श्रद्धा और इड़ा से भी सरलता से लग जाता है। "श्रद्धां हृदय्य याकूत्या श्रद्धया विन्दते वसु!" (ऋग्वेद 10—151—4) इन्हीं सबके आधार पर 'कामायनी' की कथा-सृष्टि हुई है। हाँ 'कामायनी' की कथा-शृंखला मिलाने के लिए कहीं-कहीं थोड़ी-बहुत कल्पना को भी काम में ले आने का अधिकार मैं नहीं छोड़ सका हूँ।

महारात्रि 1992

—जयशंकर प्रसाद

भूमिका

"प्रसाद की प्रखर बौद्धिकता, जैसाकि अनिवार्य है, उन्हें उस जगह तक ले गई, जहाँ खुद पर टिका रहना व्यक्ति के लिए सम्भव नहीं रहता। अपनी परिपक्व परिणति में बुद्धि यह "दिखाए बिना नहीं रहती कि वह अपर्याप्त है और श्रद्धा में ही पूरी हो सकती है। *'कामायनी'* का अभी कागज पर आरम्भ न हुआ था, मस्तिष्क में वह बन रही थी। मैं बनारस जाता और हम लोग बेनिया पार्क में घूमा करते थे। प्रेमचन्द भी होते। उस समय कई बार पार्क के कई चक्करों में उन्होंने *'कामायनी'* की घुमड़ती हुई कथा सुनाई है। ...उस ग्रंथ में श्रद्धा को पूरा और योग्य स्थान मिला है। आशय यही, कि श्रद्धा की स्वीकृति उन्हें बुद्धि द्वारा हो सकी है। जैसे बुद्धि माध्यम है; श्रद्धा बिना उसके अगम है। यह मैं अपनी ओर से नहीं कहता। उन चक्करों की चर्चाओं की संगति में ही कहता हूँ।"

—जैनेन्द्र कुमार

कुछ कृतियाँ द्रौपदी के अक्षय पात्र की तरह कभी चुकतीं नहीं, बल्कि, कहना पड़ेगा, वे हमारे साथ-साथ बड़ी होती जाती हैं। उत्तरोत्तर, हमारे मानसिक विकास की हर सीढ़ी पर उनके अर्थगौरव का एक नया क्षितिज हमारे सामने उघड़ता है। यह कुछ उसी तरह का रिश्ता हमारे उनके बीच है, जैसा कामायनीकार ने नये-नये मनु और नयी-नयी श्रद्धा के बीच झलकाया है: "नित्य परिचित हो रहे, फिर भी रहा कुछ शेष।" हाँ, बीच-बीच में उदासीनता या विस्मृति के अन्तराल भी आ सकते हैं, आते ही हैं। फिर वह क्या है,

जो हमें नए सिरे से उस कृति की ओर उन्मुख करता है? क्या वह आधुनिक बुद्धिवादी चेतना को पकड़ने वाली यह त्रासद अनुभूति है?

'शापित सा मैं जीवन का यह, ले कंकाल भटकता हूँ
उसी खोखलेपन में जैसे, कुछ खोजता अटकता हूँ'

या कि, वह इस रचना के उत्तरार्द्ध में चरितार्थ और अभिनीत होता यह आश्वासन है, कि

'बन रहा तुम्हारा ऋण अब धन'

दोनों जगह अनुभूति का खरापन पाठक के सिर पर चढ़कर बोलता हैः प्रत्यासन्न त्रास भी और उसके भीतर से गुज़र कर मानवीय चेतना जिस प्रभासिक्त पावनता के बोध का पूर्वाभास पा रही है, वह, भी। जीवनानुभूतियों के समूचे वर्णपट को अपने में समाहित करता यह काव्य यदि हमें अपने रचे जाने के साठ बरस बाद भी एक नितान्त भिन्न युग-प्रवेश के 'तुमल कोलाहल कलह' के बीचोंबीच *अपने हृदय की बात* की तरह छूता और पकड़ता है तो इसका मतलब यही हो सकता है कि वह अपनी द्वंदात्मक चेतना के दोनों छोरों पर खुला हुआ हैः न तो उसका नैराश्य और निर्वेद ही अपनी पराकाष्ठा पर एक निर्जल नकार में डूब जाने के लिए है, न उसका दर्शन-आश्वासन ही आधुनिक काव्य की अपनी अनुभव प्रक्रिया पर अध्यारोपित एक मनमाना आशावाद या इच्छित चिंतन मात्र।

प्रसादजी के लिए दर्शन निरा बुद्धि-विलास नहीं है, बल्कि मानव-आत्मा में अन्तर्निहित बुद्धि और विवेक का ही परिपाक है। इसी विवेक से उन्होंने मनुष्य के मिथक को अपने प्रखर इतिहास-बोध के साथ जोड़ा। जिस घने और अखण्ड आनंद की बात से *कामायनी* का उपसंहार हुआ है, क्या वह उस जीवन-व्यापी संघर्ष और साधना की उपलब्धि या परिणति ही नहीं, जिसका आरम्भ प्रलय-ताण्डव से घिरे प्रकृति के रंगमंच पर हुआ था? जलप्लावन की कथा दुनिया की कई सभ्यताओं में प्रचलित सृष्टि मिथकों में—आदिम जनजातियों के भी सृष्टि मिथकों में मिलती है और जयशंकर प्रसाद जैसे कवि के लिए, जो इस सृष्टि-मंच पर विश्व मानव की आत्मकथा को सुनने और सुनाने के ध्येय से अनुप्राणित रहा हो—यह सहज स्वाभाविक था कि

उसकी सृजनात्मक कल्पना ऐसी तमाम सृष्टि-कथाओं के सर्वनिष्ठ सार पर—महत्तम समापवर्तक पर एकाग्र हो और एक ऐसी महाकाव्योपम फैण्टेसी की रचना करे जिसमें मनस्तत्त्व और इतिहास, आदिमता और आधुनिक चेतना, धार्मिक—दार्शनिक भाव-बोध और मज़हबी मतवाद से निरपेक्ष पावनतामूलक दृष्टि, नाटकीय संवेदना और कवित्व सब एक बिन्दु पर संघटित हो सकें। कामायनी ऐसी ही फैण्टेसी और ऐसी ही आधुनिक काव्य-कथा है।

तरूण तपस्वी सा वह बैठा
साधन करता सुर श्मशान
नीचे प्रलय सिंधु लहरों का
होता था सकरुण अवसान।

यह तरूण तपस्वी ही मनु है: मनुष्यता के महाकाव्य का नायक। जैसा कि कामायनीकार ने अपनी भूमिका में संकेत किया है, "आर्य साहित्य में मानवों के आदि पुरुष्र मनु का इतिहास वेदों से लेकर पुराण और इतिहासों में बिखरा हुआ मिलता है।" यह भी कि, "मन्वन्तर के, अर्थात मानवता के नवयुग के प्रवर्तक के रूप में मनु की कथा आर्यों की अनुश्रुति में दृढ़ता से मानी गई है।" चाहे हम मनु की ऐतिहासिकता को स्वीकारें अथवा नहीं, हम भारतीय परम्परा में स्वीकृत उस पुराण-गाथा की अवहेलना नहीं कर सकते जिसके अनुसार श्रद्धा और मनु के सहयोग से मानवता का विकास माना गया है। वह एक रूपक भर हो, तो भी इसमें अर्थ और संगति है क्योंकि मानवता का विकास और उस विकास के द्वार जीवन के मूलोद्देश्य की पूर्ति अस्तित्व के इन दो आधारभूत घटकों-स्त्री-तत्त्व और पुरुष-तत्त्व, अर्थात, श्रद्धा और मनु-इडा के सहयोग पर ही अवलम्बित है। लिहाजा इस रूपक में यदि कवि को मानव-जाति के मनोवैज्ञानिक इतिहास की सम्भावनापूर्ण झलक मिली तो यह स्वाभाविक ही है।

❑❑❑

इस महाकाव्य की पृष्ठभूमि शतपथ ब्राह्मण के आठवें अध्याय में वर्णित

जलप्लावन की है। प्रसादजी के कथनानुसार वह ऐसी घटना है जिसने मनु को देवों से भिन्न मानवों की स्वतंत्र संस्कृति को प्रतिष्ठित करने का अवसर सुलभ कराया। देव-सभ्यता अपने ही भोग-विलास की अति से जर्जर होकर नष्ट हुई थी। मनु की आस्तित्विक परिस्थिति प्रलय के बाद एक अपनी विरासत से वंचित व्यक्ति जैसी है किन्तु यह अभिशाप ही वरदान सिद्ध होता है। इस विध्वंस के कारण पहले तो मनु को अपने भीतर-बाहर के उजाड़—वेस्टलैण्ड—का साक्षात्कार होता है, साथ ही आत्म-चेतना नाम की नई चीज़ हाथ लगती है और उस आत्म-चेतना के फलस्वरूप विशुद्ध मानवीय वृत्तियों, भावनाओं और तर्क-बुद्धि की सम्पदा भी।

प्रथम सर्ग में उतरते हुए जल-प्लावन और उसमें से उभरती हुई पृथ्वी की पृष्ठभूमि में विगत वैभव की स्मृतियाँ सजीव चलचित्रों की तरह मनु को उद्विग्न कर रही हैं और उनके विध्वंस की दृश्यावली भी। मनु स्वयं को उस तथाकथित अमरता के जीवित किन्तु भीषण जर्जर दम्भ के रूप में देखता है। मृत्यु उसे अधिक यथार्थ जान पड़ती है और जीवन केवल उसका एक क्षुद्र अंश। बुद्धि के उदय के साथ ही, 'हम परिवर्तन के पुतले हैं, देव नहीं'—यह विचार आता है। चिन्ता स्वयं इस फॉल, भ्रंश या परिवर्तन का अचूक लक्षण है और यह अकारण नहीं, कि चिन्ता की इस पहली रेखा के लिए कवि को पहली ही उपमा 'विश्व वन की व्याली' की और अंतिम उपमा 'पुण्य सृष्टि में सुन्दर पाप' की सूझती है।

दूसरे सर्ग का नामकरण—'*आशा*' भी उतना ही सार्थक है। प्रलय की काल-रात्रि अपना ताण्डव मचा चुकने के उपरान्त जल में अन्तर्निहित हो जाती है और उषा—'सुनहले तीर बरसाती जयलक्ष्मी सी'—उदित होती है। '*चिन्ता*' सर्ग यदि प्रलय और मृत्यु का काव्य था तो—"आशा" उतनी ही शक्तिशाली जीवन की कविता। प्रकृति और मनुष्य की अंतरंगता यहाँ एक से एक सजीव बिम्बों के जरिये उद्घाटित हुई है।

धीरे-धीरे हिम आच्छादन/हटने लगा धरातल से
जगी वनस्पतियाँ अलसाई/मुख धोतीं शीतल जल से

भूमिका

सिंधु सेज पर धरा वधू अब/तनिक संकुचित बैठी सी
प्रलय निशा की हलचल स्मृति में/मान किये सी ऐंठी सी।

मनु का परिस्थिति-चिंतन और आगे बढ़ता है। प्रलय के पीछे प्रकृति की शक्ति थी किन्तु प्राकृतिक शक्तियाँ भी तो देव कहलाती हैं। इसका मतलब यही हुआ कि देव न तो ये हैं न हम। साबित कर दिया प्रलय ने, कि सब परिवर्तन के पुतले हैं। पर, फिर इन पुतलियों का सूत्र-संचालन कौन कर रहा है? वह अस्तित्व क्या है, कहाँ है, जिसकी सत्ता को ग्रह-नक्षत्रों से लेकर वनस्पतियाँ तक सिर झुकाकर स्वीकार कर रही हैं? ग़ौर करने की बात है कि मनु को अपने अस्तित्व की चिन्ता के सम्पीड़न से ही इस सत्ता की आहट मिलती है, जो 'अनन्तरमणीय' है और जिसका भार विचार नहीं सह सकता। इस उन्मेष की कविता देखिए:

मैं हूँ यह वरदान सदृश क्यों/लगा गूँजने कानों में
मैं भी कहने लगा मैं रहूँ/शाश्वत नभ के गानों में

मनु की गुफा-गेह जीवन-चर्या यज्ञ के रूप में चल पड़ती है। अपने ही अन्तर्जगत् का आविष्कार करते हुए क्रमशः उनके भीतर अपने अकेलेपन का बोध जगता है। हृदय की इस पुकार का मूर्तिमान उत्तर उन्हें 'श्रद्धा' सर्ग में मिलता है। प्रथम कवि के सुन्दर छंद सी श्रद्धा से भेंट होती है। मनु अपना परिचय देते हुए कहते हैं—"मैं धरती और आकाश के बीच डोलता हुआ जीवन-रहस्य हूँ, विस्मृति का अचेत स्तूप हूँ।" निराश मनु के हृदय में श्रद्धा नवीन आशा का संचार करती है। 'श्रण्वन्तु विश्वे अमृतस्य पुत्राः' सरीखा आश्वासन उसे देती है: 'डरो मत अरे अमृत-सन्तान'...। वह उसे 'चेतना के सुंदर इतिहास' रूपी अखिल मानव-भावों के सत्य के प्रति उन्मुख करती है।

श्रद्धा का साहचर्य मनु के जीवन में विलक्षण रुपान्तर घटित कर देता है। *'काम'* सर्ग और *'लज्जा'* सर्ग कवित्व समृद्धि के लिहाज़ से कामायनी की विशेष उपलब्धि माने जा सकते हैं। मनु को जीवन वन में चुपके से बह आए मधुमय बसन्त की अनुभूति तो होती है, साथ ही सृष्टि में

तथा स्वयं मानव-हृदय में अन्तर्निहित सौन्दर्य तत्त्व का साक्षात्कार भी। *'वासना'* सर्ग में मनु और श्रद्धा के लग्न जीवन की झलकियाँ हैं और पुरुष अहं के स्वायत्त विकास के साथ बढ़ती अन्तर्वृत्तियों की जटिलता के संकेत भी। ईर्ष्या, अधिकार-लिप्सा जैसी भावनाएँ भी जगने लगती हैं। इसी सर्ग में स्त्री के प्रति पुरुष की कामना के अद्‌भुत भाव-प्रसंग उभरकर आते हैं। श्रद्धा का सरल नारीत्व भी पुरुष के इस उन्माद से आन्दोलित हो उठता है।

और वह नारीत्व का जो मूल मधु अनुभाव
आज जैसे हँस रहा भीतर बढ़ाता चाव
मधुर क्रीड़ा मिश्र चिंता साथ ले उल्लास
हृदय का आनन्द कूजन लगा करने रास

'लज्जा' सर्ग में प्रसाद के कवित्व की नवनवोन्मेषशाली प्रतिभा हमें चमत्कृत कर देती है। प्रथम छन्द से ही। आधुनिक कवि टी.एस. एलियट की काव्यपंक्ति मन में कौंध उठी है: *'दि ऑफुल डेयरिंग ऑव अ मोमेण्ट्स सरण्डर...'*। समर्पण की वही सघनता और रोमांचकारी तीव्रता इस सर्ग की वस्तु है और इस नाजुक विषय-वस्तु का सम्प्रेषण जिस सान्द्र और एकाग्र गीति-लाघव के साथ हुआ है, उसका भाषान्तर लगभग असम्भव जान पड़ता है। इस विरोधाभास को भी क्या कहिएगा कि प्रसादजी छायावाद के सर्वाधिक बुद्धिप्रवण कवि एक साथ हैं। उनकी बिम्ब-सृष्टि एक ओर प्रकृति से और, दूसरी ओर एक विशिष्ट सांस्कृतिक जीवन-धारा से इस कदर घनिष्ठ और एकतान है कि उसके पूरे आसंगों और आशयों को पकड़ना सिर्फ उस तरह के प्रकृति-बोध और सांस्कृतिक परिवेश में पली-पुसी संवेदना के लिए ही सम्भव है। *'लज्जा'* सर्ग की आरम्भिक पंक्तियों की ज़बर्दस्त उठान को ही देखें:

कोमल किसलय के अंचल में/नन्ही कलिका ज्यों छिपती सी
गोधूली के धूमिल पट में/दीपक के स्वर में दिपती सी
मंजुल स्वप्नों की विस्मृति में/मन का उन्माद निखरता ज्यों

सुरभित लहरों की छाया में/बुल्ले का विभव निखरता ज्यों
वैसी ही माया में लिपटी/अधरों पर उँगली धरे हुए।
माधव के सरल कुतूहल का/आँखों में पानी भरे हुए।

यहाँ कोई ऐण्ड्रू मार्वेल सरीखे अंग्रेजी मैटाफिजिकल कवि की 'कौय मिस्ट्रेस' (माननी प्रेयसी) नहीं है। जिस लज्जा और मान का चित्रण यहाँ है, वह कुछ अलग ही चीज़ है। तो भी, जिसे 'मैटाफिजिकल कल्पना' कहकर सराहा गया, उसका इस जगह पूरा योग है। अन्तर्वृत्तियों के इस नाट्य में 'लज्जा को जो खास अपनी भूमिका निभानी है, उसे वह स्वयं किस तरह झलकाती है, ध्यान देने योग्य है: "उज्ज्वल वरदान चेतना का...उसको धीरे से समझाती।" प्रसादजी यहाँ पर मन की ज्ञानपूर्व सरलता तथा उसी मन की अनुभव-परिपक्व अवस्था, इन दो अवस्थाओं के बीच बड़े अर्थपूर्ण संवाद की स्थिति निर्मित करते हैं। प्रभाव जो सहृदय पाठक पर पड़ता है, वह एक सघन आन्तरिक एकालाप का है। जो सरलता का पक्ष है, वह मानो कच्ची मानसिक शक्तियों का (रॉ साइकी वाला) पक्ष है और जो अनुभव परिपक्वता का पक्ष है, वह मानो परम्परा और संस्कृति द्वारा अर्जित भाषा में अपना तर्क रचता है। इस तरह यहाँ सहज अन्तर्वृत्तियों के ऊपर या यूँ कहें कि विशुद्ध प्रकृति के ऊपर, संस्कृति का पक्ष है।

निस्संबल होकर तिरती हूँ/इस मानस की गहराई में
चाहती नहीं जागरण कभी/सपने की इस सुघराई में
रुकती हूँ और ठहरती हूँ/पर सोच-विचार न कर सकती
पगली सी कोई अन्तर में/बैठी जैसे अनुदिन बकती

कौन है यह पगली? "मैं दे दूँ और न फिर कुछ लूँ/इतना ही सरल झलकता है" ...कामायनी श्रद्धा की इस सरलता के सामने आज का सहृदय सामाजिक क्या कुछ अटक महसूस नहीं करता? क्यों हमें यह 'पगली' एक दूसरी पगली का स्मरण दिलाती है? विलियम बटलर येट्स की 'क्रेजी जेन' वाली निपटता का?

'अ वुमन कैन बी प्राउड ऐंड स्टिफ
व्हैन ऑन लव इण्टेण्ट
फॉर नथिंग कैन बी होल ऐंड सोल
अन्टिल इट हैज बीन रैण्ट'

क्या श्रद्धा भी जाने-अनजाने इसी 'होलनेस', इसी पूरेपन की अभीप्सा से प्रेरित नहीं है? यह अकारण नहीं कि कामायनी जिस समर्पण और उत्सर्ग की बात कहती है, लज्जा उसे उसमें निहित अतिसरलीकरण से सावधान करती है। 'लज्जा' का यह उद्‌बोधन—अपने ढंग से यथार्थपरक और निभ्रान्त होते हुए भी आधुनिक पाठक-पाठिकाओं को अपनी आस्था के पारम्परिक सुर के कारण ही बिदका भी दे सकता है।

क्या कहती हो ठहरो नारी/संकल्प अश्रु-जल से अपने
तुम दान कर चुकी पहले ही/जीवन के सोने से सपने
नारी! तुम केवल श्रद्धा हो/विश्वास रजत नग पग तल में
पीयूष स्रोत सी बहा करो/जीवन के सुन्दर समतल में।

इस बुद्धिवादी और 'फेमिनिस्ट' युग में 'नारी! तुम केवल श्रद्धा हो' का उद्‌बोधन क्या कहीं एक आत्मतुष्ट और अप्रश्न आस्था का ही उद्‌गार नहीं लगता? किन्तु, क्या सचमुच प्रसादजी—"जो बुद्धि कहे उसको न मानकर फिर नर किसकी शरण जाये" कहने वाले प्रसादजी यहाँ पर पक्षाग्रही या मनमाने रूढ़ि-पालक पुरुष-पूर्वाग्रह से प्रेरित हैं? हमें महान् रूसी उपन्यासकारों का स्मरण हो आता है जो निरपवाद रुप से—स्त्री के पीड़ाबोध और उसमें निहित मनुष्यता की उद्धारक शक्ति से बहुत गहरे में संवेदित और प्रेरित थे। टी.एस. एलियट ने भी समसामयिक सभ्यता के मरूस्थल में उद्धार की संभावना और आशा का जो प्रच्छन्न सा संकेत उभारा है, वह भी क्या कहीं कष्ट सहने वाली स्त्री के अभिप्राय से भी सम्बंधित नहीं? प्रसादजी उपर्युक्त पंक्तियों से—लज्जा की इस सूक्ष्म व्यंग्ययुक्त मर्मोक्ति से क्या कहीं यह अर्थ भी नहीं झलकाना चाह रहे थे कि पुरुष की तुलना में स्त्री ही इस तथाकथित सभ्यता की—जिसमें से दैवी दीप्ति उड़ गई है—उसकी आशा और संजीवनी

भूमिका xix

शकित का आश्वासन रच सकती है। वह इसीलिए कि सृष्टि और मानव-मन के भीतर जो दैवी और आसुरी शक्तियाँ संघर्षरत हैं, उनके संतुलन समाधान का सूत्र स्त्री या कह लीजिये स्त्री तत्त्व को सहजसिद्ध है; पुरुष को नहीं। बल्कि, यह कहने को भी मन होता है कि यहाँ प्रसादजी की सभ्यता-समीक्षा एलियट से कई कदम आगे है क्योंकि उनकी इस रचना के पीछे सिर्फ स्त्री की सहनशक्ति यानी निष्क्रिय पीड़ा-बोध की सामर्थ्य ही नहीं, बल्कि उसकी एक सक्रिय, और कहीं अधिक तेजस्वी कल्पना और धारणा भी निहित है जो उनकी, यानी हमारी दार्शनिक परम्परा के अनुरूप है।

आगे की कथा अधिक गत्वर है। मनु का आत्मविश्वास जागता है। वे यज्ञ के लिए तत्पर होते दिखाई देते हैं। पर, उसकी विधि उन्हें विस्मृत हो गई है (जो हमारी जातीय स्मृति का ऐतिहासिक यथार्थ है)। दो असुर पुरोहित–आकुलि और किलात उन्हें कामायनी के पाले हुए मृगछौने की ही बलि देने को राजी कर लेते हैं। श्रद्धा लौटकर यह दृश्य देखती है तो विषाद और क्षोभ से भर उठती है। उसकी दृष्टि से यह संस्कार-भ्रष्ट आचरण है। अपने निर्दोष स्वप्न और विश्वास के सरल–निष्पाप संसार में ईविल की यह घुस-पैठ उसे मानवीय संस्कृति की अपनी कल्पना पर ही कुठाराघात जैसी प्रतीत होती है। भविष्य की अनिष्ट आशंकाओं से उद्वेलित श्रद्धा मनु को उलाहना देती है। मनु के विचारों में उसे स्वार्थ और अहंकार की बू आती है और वह उसे साफ-साफ जता देती है कि यह यज्ञ नहीं, यज्ञ की विडम्बना है। सृष्टि स्वयं परम आत्मा का अनवरत यज्ञ है और मनुष्य इसलिए रचा गया है कि वह उसमें अन्तर्निहित उद्देश्य की पूर्ति में सहभागिता की पहल करें। अपने में सब कुछ भरकर वह अपनी ही आत्मा के विकास का मार्ग अवरूद्ध करता है। मनु श्रद्धा के इस तर्क का, जो आत्मा की कॉमनसेंस ही है, कोई उत्तर नहीं दे पाता किन्तु दिखावटी सहमति जताते हुए सोमरस का प्याला श्रद्धा के हाथों में थमाते हुए कहता है–'वही करूँगा जो तुम कहती हो'। फिर तो वही होता है जो होना था। *'हृदय काल्पनिक विजय में सुखी, चेतनता नस-नस में।'*

गर्भवती श्रद्धा का मातृ-सौन्दर्य मनु को विरक्त करता है। उसकी

महत्त्वाकांक्षा और अतृप्ति का कोई ओर-छोर नहीं। असुर-पुरोहित के असर में उसकी स्वेच्छाचारी प्रवृत्तियाँ खुलकर खेलती हैं। गृहस्थी उसे बंधन प्रतीत होती है। 'मैं अब श्रद्धा के संसार का केन्द्र नहीं रह गया हूँ, उसका मन बँट गया है'—वह सोचता है। 'क्यों न मैं स्वच्छन्द विचरण करूँ? आत्म-विस्तार की अदम्य लालसा उसे घर छोड़कर चले जाने को प्रेरित करती है। सर्ग का 'ईर्ष्या' नाम ही उसका परिचय है।

अब आता है "इड़ा" सर्ग, जिसमें हम मनु को सारस्वत प्रदेश में अकेले विचरते देखते है। यही वह प्रदेश है जहाँ देवराज इन्द्र ने देव-सभ्यता की नींव डाली थी। अब यह अक्षरशः 'वेस्टलैंड' है। मनु देवासुर संघर्ष की याद करते हैं। असुर देहात्मबुद्धि से परिचालित थे; देवगण अपने अहं को ही आत्म समझते थे। दोनों भ्रान्त, दोनों वास्तविक आत्म-ज्ञान से विरहित। झगड़ा जब वाद-विवाद से नहीं सुलझा तो लड़ाइयों का सिलसिला चला। तो भी, वे संस्कार-बीज कहाँ निर्मूल हुए? कहीं श्रद्धा का त्याग इसी संघर्ष-बीज से ही तो प्रेरित नहीं था। मनु को अपने अन्तःकरण में कामदेवता की फटकार सुनाई पड़ती है। "अरे तुमने तो सुषमा के उस समुद्र से सिर्फ अपना विष-पात्र ही भरा... तो ठीक है अब तुम जैसा चाहो बनने को आजाद हो। किन्तु याद रखो तुम्हारा प्रजातंत्र आरम्भदूषित है, अतः अभिशप्त भी। अपने वर्तमान से हाथ धोकर तुमने अपना भविष्य भी अवरूद्ध कर लिया। असली श्रद्धा रहस्य तुम और तुम्हारे लोग विस्मृत कर देंगे कि स्वर्ग और कहीं नहीं इसी पृथ्वी पर है। वे इस सहज रहस्य को भूलकर परलोक वंचना के शिकार हो जाएँगे और अपने ही बुद्धि-वैभव से विभ्रान्त भटकते रहेंगे?"

यह चेतावनी स्वप्न ही बनी रहती है। जाग्रत में तो मनु की भेंट इड़ा (बुद्धि की प्रतीक) से होती है जो मनु के अहं पर सान चढ़ाती हुई उससे कहती है—"तुम अपने में पूरे हो, अपनी क्षमता पहचानो और उसका विस्तार करो। अक्रत ऐश्वर्य-सम्पदा भरी प्रकृति तुम्हारी ही प्रतीक्षा कर रही है। इसके रहस्य उघाड़ो और दुहो इसे। तुम्हारी हैसियत इसके स्वामी की है।" इड़ा के बोल मनु को सुहाते हैं क्योंकि वह उसी के भीतर की लालसा की प्रतिध्वनि है।

अब स्वप्न देखने की बारी श्रद्धा की है। वह मनु को इड़ा के साथ सारस्वत प्रदेश पर शासन करते देख रही है। नागरिक सभ्यता के आश्चर्यलोक से गुजरती हुई वह राजमहल का दृश्य देख रही है। जहाँ सिंहासनासीन मनु को इड़ा शराब का प्याला थमा रही है और मनु कह रहे हैं—"मैंने नगर बसाया अब मेरे हृदय को तुम बसाओ। क्या तुम मेरी नहीं हो?" ...इड़ा कहती है, 'मैं तो तुम्हारी प्रजा हूँ'। मगर वासना से उन्मत्त मनु इड़ा को अपने बाहुपाश में बाँध लेता है। मनु का यह अतिचार प्रलय मचा देता है। प्रकृति के कोप से त्रस्त प्रजा राजा के पास गुहार लगाती है। मगर मनु का पापशंकी मन विद्रोह की आशंका से राजद्वार ही बन्द कर देता है।

श्रद्धा का वह स्वप्न क्या, यथार्थ ही था। सारस्वत प्रदेश की प्रजा सचमुच विक्षुब्ध थी। मनु भीतर बैठा अपने अहंकार में सोच रहा था—मेरी सृष्टि! और मुझी को आँखें दिखाए! मैंने इन्हें सभ्य जीवन के नियम-कायदे सिखाये, सुशासन दिया। मैं निर्बन्ध, नियामक क्यों इनकी सुनूँ। इतने में इड़ा प्रकट होती है और कहती है, 'अरे प्रजापति! निर्बाध अधिकार आजतक कोई भोग पाया है जो तुम भोगोगे? नियामक ही नियम न पाले तो सर्वनाश ही समझो'। इस पर मनु बौखला जाता है। इड़ा को 'मायाविनि' और 'मूर्तिमती अभिशाप' ठहराते हुए उलटा आरोप उसी पर मड़ देता है कि यह सारी संघर्ष की भूमिका तुम्हारी ही सिखाई-पढ़ाई है। अब यह लय-ताल और नियम के चक्कर में मुझ ही को क्यों फँसा रही है? इधर मनु मनमानी करने पर उतारू है और उधर...सिंहद्वार अरराया, जनता भीतर आई। "तुम्हीं ने हमें योग-क्षेत्र से अधिक संचय वाला लोभ सिखाकर संकट में डाला और मशीनों का अम्बार लगाकर हमसे हमारी प्रकृत शक्ति छीन ली, हमारा जीवन जर्जर कर दिया" जनता के इस क्रुद्ध आरोप पर मनु आपे से बाहर हो जाता है और उन पर टूट पड़ता है।

इस 'संघर्ष'—पर्व के बाद आता है 'निर्वेद' सर्ग। व्यापार नर-संहार के बीचोंबीच इड़ा दिखाई देती है और घायल पड़े मनु भी। ग्लानि में डूबी इड़ा का ऊहापोह, देखिए, कितना विकट है:

किन्तु वही मेरा अपराधी
जिसका वह उपकारी था
प्रकट उसी से दोष हुआ है
जो सबको गुणकारी था।

इतने में श्रद्धा वहाँ अपने पुत्र सहित प्रकट होती है। श्रद्धा की स्वर-लहरी गूँजती है: *"तुमुल कोलाहल कलह में, मैं हृदय की बात रे मन।"* ...संबेरा होता है, मनु आँखें खोलते हैं। श्रद्धा मनु के भीतर उठते पश्चाताप और कृतज्ञता को चुपचाप महसूस करती है। धीरे-धीरे सब निद्रालीन हो जाते हैं। पर अकेले मनु अपनी चिन्ता में निमग्न जागते रहते हैं।

सोच रहे थे जीवन सुख है?
ना, यह विकट पहेली है
भाग, अरे मनु! इन्द्रजाल से
कितनी व्यथा न झेली है।

अगले सर्ग में हम श्रद्धा को अपना पुत्र इड़ा को सौंपकर मनु की खोज में निकलते और उसे ढूँढ़ निकालते देखते हैं। यहाँ इड़ा और श्रद्धा का संवाद बड़ा ही रोचक है। तुमसे विरक्ति कैसी! तुम तो जीवन की अन्धानुरक्ति हो। मुझसे बिछड़े हुए मनु को तुमने ही सहारा दिया—श्रद्धा कहती है। यह भी, कि चेतनता को भौतिक बँटवारा करना गलत है।
यह परिवर्तनशील जगत् नित्य चिति का स्वरूप है और इसके मूल में आनन्द ही है। अपने पुत्र को वह कहती है—"हे सौम्य, तू श्रद्धामय है और जिसे तुझे सौंप रही हूँ, वह तर्कमयी है। स्वभाव से ही मननशील तू निर्भय होकर कर्म-पथ पर अग्रसर हो और मानव का भाग्योदय कर। तभी तू इड़ा का ताप भी हर सकेगा और विश्व में समरसता का संदेश भी फैला सकेगा।" निश्चय ही मानव-सभ्यता के इतिहास को देखते हुए यह समाधान बहुत आश्वस्त करनेवाला नहीं लगता। शायद इसी असंतोष को कवि-आलोचक साहीजी ने अनुभूति में दर्शन को घुलाने की बजाय दर्शन में अनुभूति को घुला देने का आग्रह कहा था। आगे, जब श्रद्धा का मनु से मिलन होता है, तब श्रद्धा

भूमिका

मनु को लोकअग्नि में तप-गलकर ढली हुई विश्वमित्र मातृमूर्ति लगती है। किंतु, हिमालय में मनु को साथ लेकर वानप्रस्थ हेतु चले जाना लोक अग्नि में तपना कैसे हो गया? यह प्रख्यात हिंदी कवि मुक्तिबोध की आपत्ति है, जिसका निराकरण 'कामायनी का पुनर्मूल्यांकन' में आलोचक स्व. रामस्वरूप चतुर्वेदी ने किया था। यह कहकर, कि "श्रद्धा पहली माँ है और सृजन की पीड़ा से गुजरने के कारण उसने शरीर की सीमाओं को तोड़कर अपने व्यक्तित्व को विस्तार दिया है। लोक अग्नि को प्रज्ज्वलित करने का यह पहला उपक्रम है। उसमें तपने की बात तो सभ्यता के विकास में आगे आती है। एक ऐतिहासिक आपत्ति का यह ऐतिहासिक निराकरण अपनी जगह युक्तियुक्त ही लगता है। किन्तु बात इससे कहीं ज्यादा गहरी है। चतुर्वेदी जी ने 'कामायनी' की अर्थ-प्रक्रिया में बिम्ब को, यानी 'इमेजरी' को सर्वाधिक महत्त्व दिया है—इस स्थापना के साथ, कि "कविता में अर्थ को स्वायत्त और विकासशील बनाये रखने का मुख्य दायित्व बिम्ब पर होता है। इसलिए कि बिम्ब में उसके विभिन्न तत्त्वों के बीच टकराहट की एक द्वन्द्वात्मक प्रक्रिया निहित रहती है।" इस बात को ध्यान में रखें तो हम देख सकते हैं कि मनु को जो विचित्र दर्शन होता है, विश्वमित्र मातृमूर्ति का—वह भी सामान्य वर्णन नहीं, एक काव्यबिम्ब ही है। प्रकाश का बिम्ब, जो उस चन्द्रहीन रात्रि के अंधकार में मनु के सामने उद्भासित हुआ था।

वह लोक-अग्नि में तप गलकर
जो ढली स्वर्ण प्रतिमा बनकर

किन्तु इससे पूर्व इस महाकाव्य के रचना-विधान में काफी पीछे 'लज्जा' सर्ग में हमने कामायनी को जो प्रश्न पूछते सुना था, वह भी क्या इसी काव्य-बिम्ब से मिलते जुलते रूप में ही प्रकट नहीं हुआ था?

हाँ ठीक, परन्तु बताओगी
मेरे जीवन का पथ क्या है?
इस निविड़ निशा में संसृति की
आलोकमयी रेखा क्या है?

संसृति की निविड़ निशा में जीवन-पथ का पता देने वाली आलोकमयी रेखा क्या हो सकती है, यह प्रश्न जितना कवि का है, उतना ही दार्शनिक का भी। देखा जाए तो कवि-कर्म और तत्त्व-चिंता दोनों के मूल में मनुष्य का मृत्यु की अवश्यम्भाविता का, यानी प्रत्येक क्षण मृत्यु से घिरे होने का अनुभव ही है। 'चिंता' सर्ग में जिस मनु को हमने देखा था, वह मृत्यु को ही सबसे बड़े सत्य की तरह अनुभव करता हुआ, उसी को सम्बोधित कर रहा था। इन शब्दों में:

जीवन तेरा क्षुद्र अंश है
व्यक्त नील घन-माला में
सौदामिनी सन्धि सा सुंदर
क्षण भर रहा उजाला में

घोर नैराश्य की इस अभिव्यक्ति में गौर करने की बात यह है कि जो काव्यबिम्ब कामायनी की उक्त जिज्ञासा को व्यक्त कर रहा था, लगभग वही बिम्ब इस नैराश्य-निष्कर्ष को भी व्यक्त करने में इस्तेमाल हुआ है। मानव-जीवन की त्रासदी का कुछ इसी तरह का काव्यबिम्ब येट्स की एक प्रसिद्ध कविता में भी प्रयुक्त हुआ है? 'व्हाट एवर फ्लेम्स अपॉन दि नाइट/मैन्स ओर रेज़िनस हार्ट हैथ फैड' (Whatever flames upon the night/Man's own resinous heart hath fed) देखिए वही ऊपर की पंक्तियों में प्रकट हुई संसृति की निविड़ निशा और उसमें कौंध उठता वही क्षणिक उजाला, जिसमें मनुष्य का लालसा भरा हृदय खुद ईंधन बनकर जल रहा है। मलिक मोहम्मद जायसी की 'रकत की लेई' की याद दिला देने वाली इस 'रेजिनस हार्ट' की आहुति से भड़की ज्वाला का सम्बंध जहाँ एक ओर मनु के उक्त क्षणिक उजाले से जुड़ता लगता है, वहीं क्या वह मनु के अंधेरे को आलोकित करने वाले उस दर्शन–आश्वासन से भी जुड़ जाता नहीं प्रतीत होता? निश्चय ही संसृति की निविड़ निशा में यदि कोई आलोकमयी रेखा हो सकती है तो वह स्वयं इस मानव-हृदय के लोक-अग्नि में तपने-गलने से ही तो बन सकती है। मुक्तिबोध के 'अँधेरे में' की ही तरह आयरिश विप्लव के संत्रास के बीचोंबीच

येट्स ने भी एक काव्य-शृंखला रची थी। उसमें भी 'कहीं आग लग गई कहीं गोली चल गई...' का हाहाकार है। किंतु उस संत्रास को आरपार चीरती हुई एक प्रार्थना गूँजती है—जीवन के प्रति कवि की श्रद्धा का स्वर। तनिक कान लगाकर सुनें कवि की बात (हिन्दी अनुवाद में):

झरते पलस्तर और खिसकती ईंटों बीच
मँडराती मधुमक्खियाँ...
जुटा है यह पक्षी कीड़े जुटाने में अपने बच्चों के लिए
भहरा रही है दीवाल ओ मधुमक्खियों!
आओ बसाओ अपना घर इस उजाड़ में।
घिर चुके हम चौतरफ़ा...जड़ चुका है ताला
हमारी निपट असुरक्षा पर
कहाँ आग लग गई कहाँ बिछीं लाशें, कुछ भी
पता नहीं चलता साफ

आओ मधुमक्खियों इस घर की दरारों को भर दो अपनी गुँजार से। याद करें, 'कामायनी' में नाश और प्रलय की कालरात्रि के बाद जब फिर से जीवन का आरम्भ हुआ था और मनु के सूने जीवन में श्रद्धा का प्रवेश हुआ था तो कैसे हुआ था?

सुना वह मनु ने मधु गुजार
मधुकरी का सा जब सानन्द
किये मुख नीचा कमल समान
प्रथम कवि का ज्यों सुन्दर छन्द

क्या यह वही काव्यबिम्ब नहीं है जो येट्स को गृहयुद्ध के अराजक त्रास के बीचोंबीच सूझा था? दो नितान्त भिन्न संस्कृतियों और परिस्थितियों के कवियों की यह निकटता क्या जताती है? विशेषकर तब, जबकि दोनों को एक-दूसरे की भनक तक मिली होने की कोई गुंजाइश नहीं? आधुनिक भाव-बाध से सम्पृक्त इन दोनों कवियों के कृतित्व में बहुत कुछ ऐसा है जो उन्हें

प्राक्-आधुनिक और आधुनिकोत्तर धाराओं से भी जोड़ता है। पर, उसकी बात अभी रहने दें। फिलहाल इस महाकाव्य की शेष कथा को ही पहले समेटें।

मनु को यह जानकर अच्छा नहीं लगता है कि उसके पुत्र को श्रद्धा उसे आश्वस्त करती हुई कहती है–'क्यों घबराते हो? वह तो विनिमय है। तुम्हारा ऋण-पक्ष अब धन–पक्ष बन रहा है।'

अगले सर्ग का शीर्षक 'रहस्य' निश्चय ही पाठक को उलझन में डालेगा। मनु और श्रद्धा हिमालय की चढ़ाई चढ़ रहे हैं। महाभारत के स्वर्गारोहण पर्व की याद दिलाते हुए मनु थक जाते हैं। आगे बढ़ने में असमर्थता प्रकट करते हैं। विगत जीवन के सम्बंधों और स्मृतियों का घटाटोप उन पर घिर आया है। श्रद्धा मनु को हिम्मत बँधाती है–देखो तो हम कहाँ आ गए? इस ऊँचे आकाश में चेतना का रूपान्तरण सा घटित होता है और तभी मनु को तीन आलोक-बिन्दु दृष्टिगोचर होते है। मनु की जिज्ञासा के उत्तर में कामायनी बताती है–"ये इच्छा, ज्ञान और क्रिया के लोक हैं और तुम इस त्रिकोण के मध्यबिन्दु हो। इच्छा लोक जीवन की मध्यभूमि है जहाँ माया का राज्य है। दूसरा वह कर्म-लोक है। जहाँ नियति की प्रेरणा से कर्म-चक्र अनवरत घूम रहा है। यहाँ सतत संघर्ष, विफलता और कोलाहल का राज्य है।

मनु इस वर्णन से उद्विग्न होकर तीसरे चाँदी से चमकीले ज्ञान-लोक के बारे में पूछते हैं। "यहाँ सुख-दुःख दोनों के प्रति उदासीनता है"–श्रद्धा बताती है। न्याय-तपस्या और बौद्धिक चकाचौंध के कारण ये प्राणी चमकीले जरूर लगते हैं। पर, यह चमक सूखी नदी की रेत के विस्तार सदृश है। ओस-बिन्दु चाटके कहीं प्यास बुझती है? ये सामंजस्य का दम भरते हैं। पर, वास्तव में केवल विषमता फैलाते हैं। सहज इच्छाओं को झुठलाके शांति का भ्रम खड़ा करते हैं जबकि स्वयं अशान्त हैं।

ज्ञान दूर, कुछ क्रिया भिन्न है/इच्छा क्यों पूरी हो मन की
एक दूसरे से न मिल सके/यह विडम्बना है जीवन की

पर वह कौन-सी विडम्बना है जो श्रद्धा के प्रताप से नहीं मिटाई जा सकती? प्रसादजी के मनु ने और कौन जाने, शायद खुद प्रसादजी ने भी—इस श्रद्धा को एक बार खोकर बड़ी मुश्किल से फिर से पाया है। आखिर प्रसाद की श्रद्धा—जैसा कि जैनेन्द्र कुमार का कहना है—बुद्धि की ही राह से, शंका और अनास्था से जूझकर पायी हुई श्रद्धा है। इसलिए कवि को तो विश्वास है ही; पाठक भले अपने संशय के चलते उस विश्वास में साझा कर सके या न कर सके। कवि के या मनु के विश्वास के साथ जुड़ा जो बिम्ब है, वह क्या अपनी कथा आप नहीं कह देता?

चितिमय चिता धधकती अविरल
महाकाल का विषम नृत्य था
विश्व रंध्र ज्वाला से भरकर
करता अपना विषम कृत्य था
स्वप्न, स्वाप, जागरण भस्म हो
इच्छा, ज्ञान क्रिया मिल लय थे
दिव्य अनाहत पर निनाद में
श्रद्धायुत मनु बस तन्मय थे।

अब, यह तो पूर्वानुमेय ही है कि उपसंहार 'आनन्द' सर्ग से ही होगा। यात्रियों का एक दल कैलाश मानसरोवर की ओर अग्रसर है जिसमें इड़ा और मनु-पुत्र भी शामिल हैं। निर्मल मानस तट पर मनु ध्यानस्थ बैठे हैं। श्रद्धा भी पास ही खड़ी है पुष्पांजलि लिए। फिर तो,

भर रहा अंक श्रद्धा का
मानव उसको अपना कर
था इड़ा शीश चरणों पर,
वह पुलक भरी, गद्गद् स्वर।

मनु कैलाश की ओर संकेत करते हुए सबसे कहते हैं: 'देखो यहाँ पर कोई भी पराया नहीं है। दूसरों की सेवा अपनी ही सुख संसृति है। द्वैत भाव ही विस्मृति है। इस स्वानुभूत अद्वैत का काव्य देखें

मैं की मेरी चेतनता
सबको ही स्पर्श किए सी
सब भिन्न परिस्थितियों की
है मादक घूंट पिए सी।

❑❑❑

प्रसाद आधुनिक मानस की जटिलता से अपरिचित नहीं। उन्हें उससे गहरी सहानुभूति है। इड़ा सर्ग में इसलिए इस क़दर विच्छिन्नता और इस क़दर एकाग्रता एकसाथ हैः आवेग और संयम दोनों यहाँ अपने चरम पर हैं। अन्य सर्गों के रूपबंध से इड़ा सर्ग का रूपबंध इसीलिए कुछ अलग प्रतीत होता है। उसका अतिरिक्त लयात्मक उत्तेजन भी उसे पहले के सर्गों से प्रथ्क, कर देता है–मानो उस अभूतपूर्व लयात्मक उत्तेजना में एक देशव्यापी सांस्कृतिक लयभंग की उत्तेजना भी आ मिली हो, जिसे सम पर लाना दुश्वार हो गया हो। लय ही क्यों, काव्यबिम्बों में भी यहाँ एक अभूतपूर्व विचलन प्रकट होता हैः–

अस्तित्व चिरन्तन धनु से कब यह छूट पड़ा है विषम तीर
किस लक्ष्य भेद को शून्य चीर?
– – – – –
लू सा झुलसाता दौड़ रहा/कब मुझसे कोई फूल खिला।
– – – – –
इस नियति नटी के अतिभीषण अभिनय की छाया नाच रही
खोखली शून्यता में प्रतिपद असफलता अधिक कुलांच रही
– – – – – –

ये बिम्ब ही मानो संकेत कर रहे हैं कि मनुष्य की ऐतिहासिक नियति का सूत्रपात यहीं से होने वाला हैः इड़ा मिलन से 1 या, यूँ कहें, कि इतिहास-चक्र की गति यहीं से तीव्र-तीव्रतर होती है। अकारण नहीं कि इस काव्य के अंतिम सर्ग में, जब तक यह "थिएट्रिकल इमेज" फिर से उभरती है, तब तक उसका

अर्थ भी बदल चुका होता है। आखिर, यहाँ तक आते-आते मनु का अनुभव एक इतिहासोत्तीर्ण, बल्कि कालातीत आयाम का भी स्पर्श पा चुका है। तभी तो सर्ग का नाम 'आनन्द' है। यह आनन्द 'श्रद्धा' सर्ग में भी अभिव्यक्त हुआ है किन्तु वह अनायासलब्ध होने के कारण टिकाऊ नहीं हो सकता। जबकि यह उत्तर आनन्द संघर्ष, निर्वेद और दर्शन की राह से अर्जित आनन्द है, जहाँ पाषाणी हिमवती प्रकृति भी मांसल सी, लास रास में विह्वल हँसती दिखाई दे रही है। यह भी ध्यान देने योग्य बात है कि 'संघर्ष' सर्ग में जो मनु क्षुब्ध प्रजा के असंतोष को दार्शनिक अद्वैत की सही भाषा में पकड़ता हुआ भी अर्थ का अनर्थ करने पर तुला हुआ था (स्पर्धा में जो उत्तम ठहरें, वे रह जाएं/संसृति का कल्याण करें शुभ मार्ग बतावें), वही मनु अब अपनी जोखिम से कुछ-कुछ निखरी आस्था के आनन्द अपनी अद्वैतवासना को चरितार्थ होते हुए देख रहा हैः इस अद्वितीय काव्यबिम्ब में

प्रतिफलित हुई सब आँखें
उस प्रेम ज्योति विमला से
सब पहचाने से लगते
अपनी ही एक कला से

ग़ौर करने लायक बात है कि इस बीच मनु की चेतना में कितना रूपान्तरण घटित हो गया है और वह किस खूबी के साथ उस काव्यबिम्ब के भी रूपान्तर में झलक आया है। इसी तरह, कहाँ वह 'खोखली शून्यता में नाचती नियति नटी के भीषण अभिनय की छाया! और कहाँ यह उपसंहार!

सुख सहचर, दुःख विदूषक
परिहा संपूर्ण कर अभिनय
सबकी विस्मृति के पट में
छिप बैठा था अब निर्भय।

यह विस्मृति कितनी अलग है उस विस्मृति से, जिससे हमारी इस महाकाव्य की शुरुआत में भेंट हुई थी। वह 'विस्मृति का अचेत स्तूप' था, जबकि

यह 'विस्मृति का पट' है; उस जगह मृत्यु का ताण्डव था तो यहाँ जीवन-लीला, जगन्नाटक का खेला है।

◻◻◻

प्रसाद की कवि-चेतना राग की रंगस्थली सी है। उनके यहाँ; जैसा कि रामस्वरूप चतुर्वेदी ने भी बखूबी दर्शाया है, "डाइलेक्टिक का द्वन्द्व भी है और अद्वैत का एकीकरण, सामरस्य भी है"। हमारे एक समकालीन दर्शनशास्त्री रामचन्द्र गाँधी का भी यही कहना है कि 'आफ्टर बुद्ध, दि इंडियन माइण्ड बिकेम इनएस्केपेबली डाइलेक्टिकल'। स्वयं प्रसादजी ने भारत के इतिहास को आनंदवादी और दुःखवादी विचारधाराओं के संघर्ष की तरह परिभाषित किया है। बेशक, एक जीवन-दर्शन के रूप में वे स्वयं आनन्दवाद को अधिक श्रेयस्कर मानते हैं; किन्तु, जिसे वे दुःखवाद कहते हैं, उसके यथार्थ को भी वे अनुभूति के स्तर पर नहीं नकार पाते। वह उनके सिर पर चढ़कर बोलता है: उनके कथा-साहित्य में ही नहीं, काव्य में भी। 'वेदना विकल यह चेतन/जड़ का पीड़ा से नर्तन/अभिनयमय यह परिवर्तन/चल रहा कभी से यह कुढंग'—यह— 'अशोक की चिन्ता' है। किन्तु यह कवि प्रसाद की भी चिन्ता है, यह इससे स्पष्ट होता है कि यह इमेज उनके यहाँ बारम्बार आती है और जैसा कि हमने अभी 'आनंद' सर्ग से उद्धृत छन्द में देखा, अंततः उसमें एक गुणात्मक परिवर्तन होता है: वह दुःख की बजाय आनन्द का सम्प्रेषण बन जात है। इससे प्रतीत होता है कि प्रसाद के आनन्द के पीछे एक सुदीर्घ अन्तर्द्वन्द और उससे अर्जित काव्यानुभूति का बल है। महज किताबी आनंदवाह वह नहीं है।

परम्परागत भारतीय साहित्य की तरह प्रसाद के यहाँ भी जीवन-जगत् की दुःखात्मकता का भरपूर अहसास है। स्कंदगुप्त और चाणक्य को सिरजने वाले लेखक में 'ट्रैजिक सेंस' नहीं था, यह कौन कहेगा? किन्तु, कुल मिलाकर, प्रसाद के लिए अनुभव का प्रमाण्य भी अकेले भोक्ता का अनुभव नहीं है। उनका असली मानदण्ड है भोक्त-साक्षी का अनुभव। यही असल मुद्दे की बात जान पड़ती है। कदाचित् इसी से जुड़ती है प्रसाद की वह प्रसिद्ध 'आत्मा

भूमिका xxxi

की संकल्पात्मक अनुभूति' वाली बात और सामरस्य की बात भी। सामरस्य साक्षी के अनुभव का यथार्थ है; महज इच्छित चिंतन या किताबी आदर्श नहीं और इसीलिए वह इतिहास से नहीं कटता। यहाँ उनके इतिहास-दर्शन की चर्चा का अवसर नहीं है जिसे उन्होंने अजातशत्रु की भूमिका में स्पष्ट किया है। लेकिन ध्यान देने की बात यह है कि इतिहास प्रसादजी के लिए निरर्थक पुनरावृत्ति भर नहीं है; विश्व और मानव की लाइलाज अपूर्णता के बावजूद वह आत्मा की संकल्पात्मक अनुभूति का चरितार्थन है। वे इतिहास का सरलीकरण या आदर्शीकरण भी उस तरह नहीं करते। सामना करते हैं उसके तथ्यों का निर्मम भाव से। हाँ, कुल मिलाकर, उनके लिए अपने सुख-दुःख से पुलकित यह सचराचर मूर्त विश्व 'चिति का विराट् मंगलमय वपु' ही है। हो सकता है, आज हमारे लिए यह तात्त्विक दृष्टि सहज अनुभव या सोच का विषय न रह गई हो। किन्तु प्रसाद भी जानते ही थे, कि

स्खलन चेतना के कौशल का/भूल जिसे कहते हैं
एक बिन्दु जिसमें विषाद के/नद उमड़े रहते हैं
आह वही अपराध जगत् की/दुर्बलता की माया
धरणी की वर्जित मादकता/संचित तम की छाया

कामायनी के पाठक को पूछना ही चाहिए कि यदि दुर्बलता सिर्फ माया न होकर एक वास्तविकता है तो क्या इस निरर्थक दुहराव के अभिशाप से मुक्ति का कोई मार्ग नहीं? धरणी की मादकता यदि वर्जित है तो 'सब भिन्न परिस्थितियों की मादक घूँट पिये' रहने वाली चेतना कैसे सिद्ध होगी? क्या प्रसाद यह कहना चाहते हैं कि वर्जना ही संचित तम की छाया है? 'कर्म' सर्ग में हमने मनु को सूने आसमान पर आँख गड़ाये देखा था। क्या देखा था उसने वहाँ?

नील गरल से भरा हुआ
यह चन्द्रकपाल लिये हो
इन्हीं निमीलित ताराओं में
कितनी शान्ति पिये हो?

धरणी की वर्जित मादकता के तुरन्त बाद यह कैसी अपार्थिव मादकता का बिम्ब है! मानव से श्रेष्ठ कुछ नहीं है, यह पहचानने वाली संस्कृति का कवि ही यह भी पहचानता है कि मानव की श्रेष्ठता भी अपने आप में न होकर इसी में है कि वह 'मन का चेतन राज पूर्ण करने' का एकमात्र साधन और माध्यम है। साथ ही, वह 'सुरा सुधा सम साधु असाधू, जनक एक जग जलधि अगाधू' के मंथन से निकले अमृत और विष को भी जानता है और इस त्रास के सम्मुख अपनी आस्था को गरलपायी शिव की विराट् इमेज पर टिकाता है। क्या आत्म-बलिदान ही आत्म-प्रतिष्ठा की भी अनिवार्य पूर्वप्रतिज्ञा नहीं?

क्या इसी को एलियटीय शब्दावली में 'मनुष्य की कालबद्ध चेतना में कालातीत का हस्तक्षेप कहें? कोई पूछ सकता है कि 'कामायनी' के सर्वथा मानवनिष्ठ और धर्मनिरपेक्ष से प्रतीत होने वाले रूपक में कालातीत का क्या काम है? निश्चय ही, प्रसाद मानवनिष्ठ भी हैं और प्रगतिशील भी। अपने, ढंग से। किन्तु एक ऐसे बड़े अर्थ में, जिसे व्यक्त करने के लिए ये उधारी के शब्द एकदम दरिद्र और अनुपयुक्त लग उठते हैं। उनकी संकुचित काया में प्रसाद की वह विराट् आशा और निराशा नहीं अँट सकती, जिसमें कि चितिमय चिता अविरल धधकती है और महाकाल का विषम नृत्य सम्पन्न होता है। क्या यह एक दिलचस्प विरोधाभास अलंकार भर है? ...व्हॉटएवर फ्लेक्स अपॉन दि नाइट/मैन्स ओन रेजिनस हार्ट हैथ फैड, ...मनुष्य के अपने लाक्षामय हृदय की आहुति से उठने वाली यह लपट भी क्या 'चिमितय चिता' की ही लपट नहीं है? आखिर यह ज्वाला भी जागी कैसे? उसी श्रद्धा की स्मिति के दौड़ने से ही न, जिसने वह व्याकुल प्रश्न पूछा था—'इस निविड़ निशा में संसृति की/आलोकमयी रेखा क्या है? 'लज्जा' सर्ग की श्रद्धा का वह प्रश्न, जिस काव्यबिम्ब के जरिए प्रकट हुआ था, 'रहस्य' सर्ग की श्रद्धा के उत्तर को भी क्या उसी की अपेक्षा नहीं है?

महाज्योति रेखा सी बनकर/श्रद्धा की स्थिति दौड़ी उनमें
वे सम्बद्ध हुए, फिर सहसा/जाग उठी थी ज्वाला जिनमें।

भूमिका

'कामायनी' में पहली बार दार्शनिकता और इतिहास बोध का वह अटपटा सा लगने वाला, मगर बड़ा सामयिक और जरूरी द्वन्द्व और तालमेल प्रकट हुआ जिसमें एक भारतीय सृष्टि-कथा के दर्पण में विश्व-मानवता के अतीत, वर्तमान और भविष्य की, चुनौतियों का समूचा विस्तार झलक आया। नव युग की देहरी पर खड़ी कामायनी मानव की नियति को लेकर चिन्ताकुल है। किन्तु तमाम अपशकुनों से घिरकर भी वह मनुष्य की सम्भाव्यपूर्णता में विश्वास को जिलाए रखती है। मनुष्य की 'परफैक्टिबिलिटी' का रोमानी, गॉडविनी या हर्बर्ट स्पेन्सरी आशावाद नहीं है यह। ...यह उसकी प्रश्नाकुलता से ही स्पष्ट हो जाता है। कामायनी-जगत् की मंगल कामना—मानो एक मध्यस्थ है मनुष्य और सब कुछ के बीच। वह 'मौन, नाश, विध्वंस, अंधेरा' के प्रत्यक्ष तथ्यों के बावजूद और उनके बीचोंबीच जीवन की निरपवाद स्वीकृति का निमन्त्रण है। परन्तु उसे पाना और पाकर निभाना आसान नहीं है। पहले मानव व्यक्ति बनता है; अपने अहं रूपी आत्म-केन्द्र के प्रति आत्म-चेतन होता है, तब फिर उत्तरोत्तर उसी अहं के विसर्जन द्वारा वह अपनी सर्वव्यापी आत्मा का पता पाता है। कामायनी की पुनरूपलब्धि मनु का आत्म-प्रतिष्ठित होना है। मनु और श्रद्धा के प्रथम सहयोग का चित्र आँकते हुए कवि ने कहा था— *'प्रश्न था यदि एक, तो उत्तर द्वितीय उदार'*। वह बात यदि तब तक एक सुन्दर उपमा भर प्रतीत हुई थी तो उसका अर्थगौरव अब जाकर प्रकट होता है:

> *वह विश्व चेतना पुलकित*
> *थी पूर्ण काम की प्रतिमा*
> *जैसे गम्भीर महाह्रद*
> *हो भरा विमल जल महिमा।*

क्या यह वही उत्तर है जो यूनानी ट्रेजिडी देती है? साहीजी की शब्दावली में, क्या यह 'मनुष्य की अपराजेय विवशता' वाला उत्तर है? नहीं। यह स्टॉइसिज़्म भी नहीं है; क्योंकि वहाँ धीरज और सहनशीलता तो है, परन्तु आनन्द की विधायक प्रेरणा नहीं है। तो, फिर क्या है वह समरसता का काव्य? कामायनी की ही आवाज़ में सुनें:

शापित न यहाँ है कोई ∕ तापित पापी न यहाँ है
जीवन वसुधा समतल है ∕ समरस है जो कि जहाँ है

क्या इसका आशय यही नहीं, कि 'ओरिजनल सिन' का मतवाद यानी धर्मबीज सही नहीं है; और, अगर मूल की बात करनी ही हो तो 'ओरिजिनल गुड' की करनी चाहिए? 'डरो मत अरे अमृत सन्तान' का और आखिर क्या मतलब हो सकता है? प्रसाद काव्य में अमृत और गरल की द्वन्द्वात्मक स्थिति का उल्लेख ऊपर किया ही जा चुका है। बेशक, 'नारी तुम केवल श्रद्धा हो' में फेमिनिस्ट सत्याग्रहों को नारी की एक और वंचना नज़र आ सकती है; किन्तु, यह कैसी श्रद्धा है जो मनु-पुत्र को बेखटके बुद्धि की अधिष्ठात्री, तर्कमयी इड़ा के हाथों में सौंप सकती है? चूंकि कामायनी 'पूर्ण आत्म-विश्वासमयी' और 'पूर्णकाम की प्रतिमा' है, इसीलिए इड़ा के साथ, अर्थात् बुद्धि के साथ भी उसका रिश्ता वैसा ही है, जो पूर्ण आत्मविश्वासमयी का होना चाहिए।

प्रेम के मंगल-रहस्य का अपने स्वार्थों से घिरकर भय संकोच में सिकुड़ जाना—यही मानव त्रासदी की प्रसादीय व्याख्या जान पड़ती है। ...'कल्याण भूमि, यह लोक, यही श्रद्धा रहस्य जाने न प्रजा'। ...कहना न होगा, कि यह कल्याण भूमि नन्दन कानन या 'ईडन गार्डन' नहीं है। आदम के बच्चे को भी दण्ड जो मिला है, वह स्वर्ग से निष्कासन का दण्ड नहीं है; स्वरूप—विस्मृति का ही दण्ड है। श्रद्धा भी हव्वा की तरह आदम से हीनतर आत्मा वाली और आसानी से शैतान के बहकावे में आ जाने वाली जीव नहीं है। उलटे, वह तो वास्तव में 'बैटर हॉफ' है। मसीहा परित्राता की भूमिका भी दरअसल किसी ईश्वर पुत्र को नहीं, उसी को निबाहनी है। रहे आकुलि-किलात, तो वे निहायत ही दयनीय और हास्यास्पद छुटभैये हैं: शैतान से उनकी क्या तुलना!

प्रसादजी अनीश्वरवादी तो उस तरह नहीं कहे जा सकते। नील गरल से भरा हुआ चन्द्र कपाल लिए निमीलित ताराओं की शान्ति पीने वाली वह विराट् काव्य मूर्ति उनके इष्टदेव की ही तो मूर्ति थी। किन्तु उस काव्यमूर्ति के साथ दाँते या मिल्टन के परमपिता का सामंजस्य कुछ बैठता नहीं। वास्तव में उक्त श्रद्धा-रहस्य ही जयशंकर प्रसाद की आस्था का केन्द्र बिन्दु जान पड़ता है। क्या उसे किसी मजहबी मतवाद में घटाया जा सकता है? किसी

मतवाद या धर्मबीज में प्रश्नविहीन विश्वास की शर्त तो उसके साथ बिलकुल भी लगी नहीं दिखती। फिर उसे क्या कहें? क्या किसी भी मतवाद से निरपेक्ष धर्म की उद्‌भावना ही संसार को भारत की सबसे मूल्यवान् देन नहीं है?

परिवर्तन ईविल नहीं है। तो क्या 'जीवन में अनन्त परिवर्तन' ही वह अमरत्व है जिसे मानव कामदेवता के शापवश भूल जाने वाला है? क्या सचमुच भारतीय धर्मदृष्टि के केन्द्र में ही ऐसा खुलापन (ख़तरनाक खुलापन) है, जिसके चलते मानववाद बनाम रिलीजियस दृष्टिकोण, प्योरिटेनिज़्म बनाम लिबर्टिनिज्म, ओरिजिनल सिन बनाम वैज्ञानिक पूर्णतावाद, धर्म बनाम धर्मनिरपेक्षता के जानलेवा अन्तर्विरोध अनर्गल हो जाते हैं? द्वन्द्वों की भरपूर स्वीकृति ही क्या इस निर्द्वन्द्वता के मूल में है?

अस्तु, कामदेवता तो शैतान नहीं हैं; वह विराट्-पुरुष भी 'अपने एकमात्र पुत्र की बलि से ही संतुष्ट होने वाला परमपिता' (प्रख्यात आधुनिक कवि विलियम एम्पसन के शब्दों में) नहीं है। कामायनी भी मसीहा नहीं है। काम को मंगल मण्डित श्रेय बताने वाले जयशंकर प्रसाद, विलियम वटलर येट्स की 'दि अनकन्ट्रोलेबल मिस्ट्री ऑन द बीस्टियल फ्लोर' को बखूबी समझते थे। मूलशक्ति उनके लिए प्रेम-कला ही थी। टोमास मान को जवाब देते हुए येट्स ने जो प्रसिद्ध काव्यपंक्तियाँ लिखी थीं, प्रसादजी उनकी भी निश्चय ही ताईद करते।

'आई नैवर बेड यू गो
टु मास्को ऑर टु रोम
रिनाउंस दैट ड्रजरी
कौल द म्यूज़ेज होम।
रीड दोज़ इमेजेज़
दैट कॉन्स्टीच्यूट दि वाइल्ड
द लायन ऐंड द हारलोट
द वर्जिन ऐंड द चाइल्ड

—रमेशचंद्र शाह

चिन्ता

हिमगिरि के उत्तुंग शिखर पर,
    बैठ शिला की शीतल छाँह,
एक पुरुष, भीगे नयनों से,
    देख रहा था प्रलय प्रवाह!

नीचे जल था, ऊपर हिम था,
    एक तरल था, एक सघन;
एक तत्त्व की ही प्रधानता
    कहो उसे जड़ या चेतन।

दूर दूर तक विस्तृत था हिम
    स्तब्ध उसी के हृदय समान;
नीरवता सी शिला चरण से
    टकराता फिरता पवमान।

तरुण तपस्वी-सा वह बैठा,
    साधन करता सुर-श्मशान;
नीचे प्रलय सिंधु लहरों का,
    होता था सकरुण अवसान।

उसी तपस्वी से लम्बे, थे
    देवदारु दो चार खड़े;
हुए हिम-धवल, जैसे पत्थर
    बन कर ठिठुरे रहे अड़े।

अवयव की दृढ़ मांस-पेशियाँ,
   ऊर्जस्वित था वीर्य्य अपार;
स्फीत शिरायें, स्वस्थ रक्त का
   होता था जिनमें संचार।

चिंता-कातर बदन हो रहा
   पौरुष जिसमें ओत प्रोत;
उधर अपेक्षामय यौवन का
   बहता भीतर मधुमय स्रोत।

बँधी महाबट से नौका थी
   सूखे में अब पड़ी रही;
उतर चला था वह जल-प्लावन,
   और निकलने लगी मही।

निकल रही थी मर्म वेदना,
   करुणा विकल कहानी सी;
वहाँ अकेली प्रकृति सुन रही,
   हँसती सी पहचानी सी।

"ओ चिंता की पहली रेखा,
   अरी विश्व वन की व्याली;
ज्वालामुखी स्फोट के भीषण,
   प्रथम कंप सी मतवाली!

हे अभाव की चपल बालिके,
   री ललाट की खल लेखा!
हरी-भरी सी दौड़-धूप, ओ
   जल-माया की चल रेखा!

चिन्ता

इस ग्रह कक्षा की हलचल! री
        तरल गरल की लघु लहरी;
जरा अमर जीवन की, और न
        कुछ सुनने वाली, बहरी!

अरी व्याधि की सूत्र-धारिणी!
        अरी आधि, मधुमय अभिशाप!
हृदय-गगन में धूमकेतु सी,
        पुण्य सृष्टि में सुन्दर पाप!

मनन करावेगी तू कितना?
        उस निश्चिंत जाति का जीव;
अमर मरेगा क्या? तू कितनी
        गहरी डाल रही है नींव।

आह! घिरेगी हृदय लहलहे
        खेतों पर करका-घन सी;
छिपी रहेगी अंतरतम में
        सब के तू निगूढ़ धन सी।

बुद्धि, मनीषा, मति, आशा, चिंता
        तेरे हैं कितने नाम!
अरी पाप है तू, जा, चल, जा
        यहाँ नहीं कुछ तेरा काम।

विस्मृति आ, अवसाद घेर ले,
        नीरवते! बस चुप कर दे;
चेतनता चल जा, जड़ता से
        आज शून्य मेरा भर दे।"

"चिन्ता करता हूँ मैं जितनी
                उस अतीत की, उस सुख की;
उतनी ही अनंत में बनती
                जातीं रेखायें दुःख की।

आह सर्ग के अग्रदूत! तुम
                असफल हुए, विलीन हुए।
भक्षक या रक्षक, जो समझो,
                केवल अपने मीन हुए।

अरी आँधियो! ओ बिजली की
                दिवा-रात्रि तेरा नर्त्तन;
उसी वासना की उपासना,
                वह तेरा प्रत्यावर्त्तन।

मणि-दीपों के अंधकारमय
                अरे निराशापूर्ण भविष्य!
देव-दम्भ के महा मेध में
                सब कुछ ही बन गया हविष्य।

अरे अमरता के चमकीले
                पुतलो! तेरे वे जय नाद;
काँप रहे हैं आज प्रतिध्वनि
                बन कर मानो दीन विषाद।

प्रकृति रही दुर्जेय, पराजित
                हम सब थे भूले मद में;
भोले थे, हाँ तिरते केवल
                सब विलासिता के नद में;

वे सब डूबे, डूबा उनका
        विभव, बन गया पारावार;
उमड़ रहा है देव सुखों पर
        दुःख जलधि का नाद अपार।"

"वह उन्मत्त विलास हुआ क्या?
        स्वप्न रहा या छलना थी!
देव सृष्टि की सुख विभावरी
        ताराओं की कलना थी।

चलते थे सुरभित अंचल से
        जीवन के मधुमय निश्वास।
कोलाहल में मुखरित होता
        देव जाति का सुख-विश्वास।

सुख, केवल सुख का वह संग्रह,
        केन्द्रीभूत हुआ इतना;
छाया पथ में नव तुषार का
        सघन मिलन होता जितना।

सब कुछ थे स्वायत्त, विश्व के
        बल, वैभव, आनन्द अपार;
उद्वेलित लहरों सा होता, उस
        समृद्धि का सुख-संचार।

कीर्ति, दीप्ति, शोभा थी नचती
        अरुण किरण सी चारों ओर,
सप्त सिंधु के तरल कणों में,
        द्रुम दल में, आनन्द-विभोर।

शक्ति रही हाँ शक्ति; प्रकृति थी
            पद-तल में विनम्र विश्रांत;
कँपती धरणी, उन चरणों से
            हो कर प्रतिदिन ही आक्रांत!

स्वयं देव थे हम सब, तो फिर
            क्यों न विशृंखल होती सृष्टि,
अरे अचानक हुई इसी से
            कड़ी आपदाओं की वृष्टि।

गया, सभी कुछ गया, मधुरतम
            सुर बालाओं का शृंगार;
उषा ज्योत्स्ना सा यौवन-स्मित,
            मधुप सदृश निश्चिंत विहार।

भरी वासना-सरिता का वह
            कैसा था मदमत्त प्रवाह,
प्रलय-जलधि में संगम जिसका
            देख हृदय था उठा कराह!"

"चिर किशोर-वय, नित्य विलासी,
            सुरभित जिससे रहा दिगंत;
आज तिरोहित हुआ कहाँ वह
            मधु से पूर्ण अनन्त वसंत?

कुसुमित कुंजों में वे पुलकित
            प्रेमालिंगन हुए विलीन,
मौन हुई हैं मूर्च्छित तानें
            और न सुन पड़ती अब बीन।

चिन्ता

अब न कपोलों पर छाया सी
        पड़ती मुख की सुरभित भाप;
भुज मूलों में, शिथिल वसन की
        व्यस्त न होती है अब माप।

कंकण क्वणित, रणित नूपुर थे,
        हिलते थे छाती पर हार;
मुखरित था कलरव, गीतों में
        स्वर लय का होता अभिसार।

सौरभ से दिगंत पूरित था,
        अंतरिक्ष आलोक - अधीर
सब में एक अचेतन गति थी,
        जिससे पिछड़ा रहे समीर!

वह अनंग पीड़ा अनुभव सा
        अंग भंगियों का नर्त्तन,
मधुकर के मरंद - उत्सव सा
        मदिर भाव से आवर्त्तन।

सुरा सुरभिमय वदन अरुण वे
        नयन भरे आलस अनुराग;
कल कपोल था जहाँ बिछलता
        कल्पवृक्ष का पीत पराग।

विकल वासना के प्रतिनिधि वे
        सब मुरझाये चले गये;
आह! जले अपनी ज्वाला से,
        फिर वे जल में गले गये।"

"अरी उपेक्षा - भरी अमरते!
री अतृप्ति! निर्वाध विलास!
द्विधा-रहित अपलक नयनों की
भूख भरी दर्शन की प्यास!

बिछुड़े तेरे सब आलिंगन,
पुलक स्पर्श का पता नहीं;
मधुमय चुंबन कातरतायें
आज न मुख को सता रहीं।

रत्न सौध के वातायन, जिनमें
आता मधु-मदिर समीर;
टकराती होगी अब उनमें
तिमिंगिलों की भीड़ अधीर।

देव कामिनी के नयनों से
जहाँ नील नलिनों की सृष्टि
होती थी, अब वहाँ हो रही
प्रलयकारिणी भीषण वृष्टि।

वे अम्लान कुसुम सुरभित,
मणि-रचित मनोहर मालायें,
बनीं शृंखला, जकड़ीं जिनमें
विलासिनी सुर बालायें।

देव - यजन के पशु यज्ञों की
वह पूर्णाहुति की ज्वाला,
जलनिधि में बन जलती कैसी
आज लहरियों की माला।

चिन्ता

उनको देख कौन रोया यों
            अंतरिक्ष में बैठ अधीर!
व्यस्त बरसने लगा अश्रुमय
            यह प्रालेय हलाहल नीर!

हा-हा-कार हुआ क्रंदन मय
            कठिन कुलिश होते थे चूर;
हुए दिगंत बधिर, भीषण रव
            बार-बार होता था क्रूर।

दिग्दाहों से धूम उठे, या
            जलधर उठे, क्षितिज तट के!
सघन गगन में भीम प्रकंपन,
            झंझा के चलते झटके।

अंधकार में मलिन मित्र की
            धुँधली आभा लीन हुई,
वरुण व्यस्त थे, घनी कालिमा
            स्तर-स्तर जमती पीन हुई।

पंचभूत का भैरव मिश्रण,
            शंपाओं के शकल-निपात,
उल्का लेकर अमर शक्तियाँ
            खोज रहीं ज्यों खोया प्रात।

बार बार उस भीषण रव से
            कँपती धरती देख विशेष,
मानो नील व्योम उतरा हो
            आलिंगन के हेतु अशेष।

उधर गरजतीं सिंधु लहरियाँ
        कुटिल काल के जालों सी;
चली आ रहीं फेन उगलती
        फन फैलाये व्यालों सी।

धँसती धरा, धधकती ज्वाला,
        ज्वाला-मुखियों के निश्वास,
और संकुचित क्रमशः उसके
        अवयव का होता था ह्रास।

सबल तरंगाघातों से उस
        क्रुद्ध सिंधु के, विचलित सी
व्यस्त महा कच्छप सी धरणी,
        ऊभ-चूभ थी विकलित सी।

बढ़ने लगा विलास वेग सा
        वह अति भैरव जल संघात;
तरल तिमिर से प्रलय पवन का
        होता आलिंगन, प्रतिघात।

बेला क्षण-क्षण निकट आ रही
        क्षितिज क्षीण, फिर लीन हुआ;
उदधि डुबाकर अखिल धरा को
        बस मर्यादा हीन हुआ।

करका क्रंदन करती गिरती
        और कुचलना था सब का;
पंचभूत का यह तांडवमय
        नृत्य हो रहा था कब का।"

"एक नाव थी, और न उसमें
 डाँड़े लगते, या पतवार;
तरल तरंगों में उठ गिर कर
 बहती पगली बारम्बार!

लगते प्रबल थपेड़े, धुँधले
 तट का था कुछ पता नहीं;
कातरता से भरी निराशा
 देख नियति पथ बनी वहीं।

लहरें व्योम चूमती उठतीं,
 चपलायें असंख्य नचतीं।
गरल जलद की खड़ी झड़ी में
 बूँदें निज संसृति रचतीं।

चपलायें उस जलधि विश्व में
 स्वयं चमत्कृत होती थीं
ज्यों विराट बाड़व ज्वालायें
 खंड-खंड हो रोती थीं।

जलनिधि के तल वासी जलचर
 विकल निकलते उतराते,
हुआ विलोड़ित गृह, तब प्राणी
 कौन! कहाँ! कब! सुख पाते?

घनीभूत हो उठे पवन, फिर
 श्वासों की गति होती रुद्ध;
और चेतना थी बिलखाती,
 दृष्टि विफल होती थी क्रुद्ध।

उस विराट आलोड़न में, ग्रह
    तारा बुद-बुद से लगते।
प्रखर प्रलय पावस में जगमग,
    ज्योतिरिंगणों से जगते।

प्रहर दिवस कितने बीते, अब
    इसको कौन बता सकता!
इनके सूचक उपकरणों का
    चिह्न न कोई पा सकता।

काला शासन - चक्र मृत्यु का
    कब तक चला न स्मरण रहा,
महा मत्स्य का एक चपेटा
    दीन पोत का मरण रहा।

किन्तु उसी ने ला टकराया
    इस उत्तर-गिरि के शिर से,
देव सृष्टि का ध्वंस अचानक
    श्वास लगा लेने फिर से।

आज अमरता का जीवित हूँ
    मैं वह भीषण जर्जर दम्भ,
आह सर्ग के प्रथम अंक का
    अधम पात्र मय सा विष्कंभ!"

"ओ जीवन की मरु मरीचिका,
    कायरता के अलस विषाद!
अरे पुरातन अमृत! अगतिमय
    मोहमुग्ध जर्जर अवसाद।

मौन ! नाश ! विध्वंस ! अँधेरा !
         शून्य बना जो प्रगट अभाव,
वही सत्य है, अरी अमरते !
         तुझको यहाँ कहाँ अव ठाँव।

मृत्यु, अरी चिर-निद्रे ! तेरा
         अंक हिमानी सा शीतल,
तू अनंत में लहर बनाती
         काल-जलधि की-सी हलचल।

महा-नृत्य का विषम सम, अरी
         अखिल स्पंदनों की तू माप,
तेरी ही विभूति बनती है
         सृष्टि सदा हो कर अभिशाप।

अंधकार के अट्टहास सी,
         मुखरित सतत चिरंतन सत्य,
छिपी सृष्टि के कण-कण में तू,
         यह सुन्दर रहस्य है नित्य।

जीवन तेरा क्षुद्र अंश है
         व्यक्त नील घन-माला में,
सौदामिनी - संधि सा सुन्दर
         क्षण भर रहा उजाला में।"

पवन पी रहा था शब्दों को
         निर्जनता की उखड़ी साँस,
टकराती थी, दीन प्रतिध्वनि
         बनी हिम-शिलाओं के पास।

धू-धू करता नाच रहा था
             अनस्तित्व का तांडव नृत्य ;
आकर्षण विहीन विद्युत्कण
             बने भारवाही थे भृत्य।

मृत्यु-सदृश शीतल निराश ही
             आलिंगन पाती थी दृष्टि ;
परम व्योम से भौतिक कण सी
             घने कुहासों की थी वृष्टि।

वाष्प बना उजड़ा जाता था
             या वह भीषण जल संघात ,
सौर चक्र में आवर्तन था
             प्रलय निशा का होता प्रात !

▄▄▄

आशा

उषा सुनहले तीर बरसती
           जय-लक्ष्मी सी उदित हुई ;
उधर पराजित कालरात्रि भी
           जल में अंतर्निहित हुई।

वह विवर्ण मुख त्रस्त प्रकृति का
           आज लगा हँसने फिर से ;
वर्षा बीती, हुआ सृष्टि में
           शरद विकास नये सिर से।

नव कोमल आलोक बिखरता
           हिम-संसृति पर भर अनुराग ;
सित सरोज पर क्रीड़ा करता
           जैसे मधुमय पिंग पराग।

धीरे धीरे हिम - आच्छादन
           हटने लगा धरातल से ;
जगीं वनस्पतियाँ अलसाई
           मुख धोती शीतल जल से।

नेत्र निमीलन करती मानो
           प्रकृति प्रबुद्ध लगी होने ;
जलधि लहरियों की अँगड़ाई
           बार-बार जाती सोने।

सिंधु सेज पर धरा वधू अब
तनिक संकुचित बैठी सी;
प्रलय निशा की हलचल स्मृति में
मान किये सी ऐंठी सी।

देखा मनु ने वह अतिरंजित
विजन विश्व का नव एकांत ;
जैसे कोलाहल सोया हो
हिम शीतल जड़ता सा श्रांत।

इंद्रनील मणि महा चषक था
सोम रहित उलटा लटका ;
आज पवन मृदु साँस ले रहा
जैसे बीत गया खटका।

वह विराट था हेम घोलता
नया रंग भरने को आज ;
कौन? हुआ यह प्रश्न अचानक
और कुतूहल का था राज।

"विश्वदेव, सविता या पूषा
सोम, मरुत, चंचल पवमान ;
वरुण आदि सब घूम रहे हैं
किसके शासन में अम्लान ?

किसका था भ्रू-भंग प्रलय सा
जिसमें ये सब विकल रहे;
अरे! प्रकृति के शक्ति-चिह्न ये
फिर भी कितने निबल रहे!

विकल हुआ सा काँप रहा था,
            सकल भूत चेतन समुदाय;
उनकी कैसी बुरी दशा थी
            वे थे विवश और निरुपाय।

देव न थे हम और न ये हैं,
            सब परिवर्तन के पुतले;
हाँ, कि गर्व-रथ में तुरंग सा;
            जितना जो चाहे जुत ले।"

"महानील इस परम व्योम में,
            अंतरिक्ष में ज्योतिर्मान,
ग्रह, नक्षत्र और विद्युत्कण
            किसका करते से संधान!

छिप जाते हैं और निकलते
            आकर्षण में खिंचे हुए;
तृण, वीरुध लहलहे हो रहे
            किसके रस से सिंचे हुए?

सिर नीचा कर किसकी सत्ता
            सब करते स्वीकार यहाँ;
सदा मौन हो प्रवचन करते
            जिसका, वह अस्तित्व कहाँ?

हे अनन्त रमणीय! कौन तुम?
            यह मैं कैसे कह सकता
कैसे हो? क्या हो? इसका तो
            भार विचार न सह सकता।

हे विराट! हे विश्वदेव! तुम?
कुछ हो, ऐसा होता भान"—
मंद गँभीर धीर स्वर संयुत
यही कर रहा सागर गान।

"यह क्या मधुर स्वप्न सी झिलमिल
सदय हृदय में अधिक अधीर;
व्याकुलता सी व्यक्त हो रही
आशा बनकर प्राण समीर!

यह कितनी स्पृहणीय बन गई
मधुर जागरण सी छविमान;
स्मिति की लहरों सी उठती है
नाच रही ज्यों मधुमय तान।

जीवन! जीवन! की पुकार है
खेल रहा है शीतल दाह;
किसके चरणों में नत होता
नव प्रभात का शुभ उत्साह।

मैं हूँ, यह वरदान सदृश क्यों
लगा गूँजने कानों में!
मैं भी कहने लगा, 'मैं रहूँ'
शाश्वत नभ के गानों में।

यह संकेत कर रही सत्ता
किसकी सरल विकास-मयी;
जीवन की लालसा आज क्यों
इतनी प्रखर विलास-मयी?

तो फिर क्या मैं जिऊँ और भी,—
        जीकर क्या करना होगा ?
देव ! बता दो, अमर वेदना
        लेकर कब मरना होगा ?"

एक यवनिका हटी, पवन से
        प्रेरित माया पट जैसी ;
और आवरण-मुक्त प्रकृति थी
        हरी-भरी फिर भी वैसी।

स्वर्ण शालियों की कलमें थीं
        दूर-दूर तक फैल रही ;
शरद इंदिरा के मंदिर की
        मानो कोई गैल रही।

विश्व-कल्पना सा ऊँचा वह
        सुख शीतल संतोष निदान ;
और डूबती सी अचला का
        अवलंबन मणि रत्न निधान।

अचल हिमालय का शोभनतम
        लता कलित शुचि सानु शरीर ,
निद्रा में सुख स्वप्न देखता
        जैसे पुलकित हुआ अधीर।

उमड़ रही जिसके चरणों में
        नीरवता की विमल विभूति ,
शीतल झरनों की धारायें
        बिखरातीं जीवन अनुभूति।

उस असीम नीले अंचल में
          देख किसी की मृदु मुसक्यान,
मानो हँसी हिमालय की है
          फूट चली करती कल गान।

शिला-सन्धियों में टकरा कर
          पवन भर रहा था गुंजार,
उस दुर्भेद्य अचल दृढ़ता का
          करता चारण सदृश प्रचार।

संध्या घनमाला की सुन्दर
          ओढ़े रंग-बिरंगी छींट,
गगन चुम्बिनी शैल - श्रेणियाँ
          पहने हुए तुषार किरीट।

विश्व मौन, गौरव, महत्व की
          प्रतिनिधियों सी भरी विभा;
इस अनन्त प्रांगण में मानो
          जोड़ रही है मौन सभा।

वह अनन्त नीलिमा व्योम की
          जड़ता सी जो शांत रही,
दूर - दूर ऊँचे से ऊँचे
          निज अभाव में भ्रांत रही।

उसे दिखाती जगती का सुख,
          हँसी और उल्लास अजान,
मानो तुंग तरंग विश्व की
          हिमगिरि की वह सुढर उठान।

थी अनन्त की गोद सदृश जो
        विस्तृत गुहा वहाँ रमणीय,
उसमें मनु ने स्थान बनाया
        सुन्दर, स्वच्छ और वरणीय।

पहला संचित अग्नि जल रहा
        पास मलिन द्युति रवि कर से;
शक्ति और जागरण चिह्न-सा
        लगा धधकने अब फिर से।

जलने लगा निरंतर उनका
        अग्निहोत्र सागर के तीर;
मनु ने तप में जीवन अपना
        किया समर्पण होकर धीर।

सजग हुई फिर से सुर संस्कृति,
        देव यजन की वर माया
उन पर लगी डालने अपनी
        कर्ममयी शीतल छाया।

उठे स्वस्थ मनु ज्यों उठता है
        क्षितिज बीच अरुणोदय कांत;
लगे देखने लुब्ध नयन से
        प्रकृति विभूति मनोहर शांत।

पाक यज्ञ करना निश्चित कर
        लगे शालियों को चुनने;
उधर वह्नि ज्वाला भी अपना
        लगी धूम पट थी बुनने।

शुष्क डालियों से वृक्षों की
            अग्नि अर्चियाँ हुईं समिद्ध ;
आहुति की नव धूम गंध से
            नभ, कानन हो गया समृद्ध।

और सोचकर अपने मन में ,
            जैसे हम हैं बचे हुए ;
क्या आश्चर्य और कोई हो
            जीवन लीला रचे हुए।

अग्निहोत्र अवशिष्ट अन्न कुछ
            कहीं दूर रख आते थे ,
होगा इससे तृप्त अपरिचित
            समझ सहज सुख पाते थे।

दुख का गहन पाठ पढ़ कर अब
            सहानुभूति समझते थे ;
नीरवता की गहराई में
            मग्न अकेले रहते थे।

मनन किया करते वे बैठे
            ज्वलित अग्नि के पास वहाँ ;
एक सजीव तपस्या जैसे
            पतझड़ में कर वास रहा।

फिर भी धड़कन कभी हृदय में
            होती, चिंता कभी नवीन ;
यों ही लगा बीतने उनका
            जीवन अस्थिर दिन-दिन दीन।

प्रश्न उपस्थित नित्य नये थे
   अंधकार की माया में ;
रंग बदलते जो पल-पल में
   उस विराट की छाया में।

अर्ध प्रस्फुटित उत्तर मिलते
   प्रकृति सकर्मक रही समस्त ;
निज अस्तित्व बना रखने में
   जीवन आज हुआ था व्यस्त।

तप में निरत हुए मनु, नियमित—
   कर्म लगे अपना करने।
विश्व रंग में कर्मजाल के
   सूत्र लगे घन हो घिरने।

उस एकांत नियति शासन में
   चले विवश धीरे धीरे ;
एक शांत स्पंदन लहरों का
   होता ज्यों सागर तीरे।

विजन जगत की तंद्रा में
   तब चलता था सूना सपना ;
ग्रह पथ के आलोक वृत्त से
   काल जाल तनता अपना।

प्रहर दिवस रजनी आती थी
   चल जाती संदेश-विहीन ;
एक विराग-पूर्ण संसृति में
   ज्यों निष्फल आरंभ नवीन।

धवल मनोहर चंद्र बिम्ब से
अंकित सुन्दर स्वच्छ निशीथ ;
जिसमें शीतल पवन गा रहा
पुलकित हो पावन उद्गीथ।

नीचे दूर-दूर विस्तृत था
उर्मिल सागर व्यथित अधीर ;
अंतरिक्ष में व्यस्त उसी सा
रहा चंद्रिका - निधि गंभीर।

खुलीं उसी रमणीय दृश्य में
असल चेतना की आँखें ;
हृदय कुसुम की खिलीं अचानक
मधु से वे भीनी पाँखें।

व्यक्त नील में चल प्रकाश का
कंपन सुख बन बजता था ;
एक अतींद्रिय स्वप्न लोक का
मधुर रहस्य उलझता था।

नव हो जगी अनादि वासना
मधुर प्राकृतिक भूख समान ;
चिर परिचित सा चाह रहा था
द्वंद्व सुखद करके अनुमान।

दिवा रात्रि या—मित्र वरुण की
बाला का अक्षय शृंगार ;
मिलन लगा हँसने जीवन के
उर्मिल सागर के उस पार।

आशा

    तप से संयम का संचित बल
            तृषित और व्याकुल था आज;
अट्टहास कर उठा रिक्त का
            वह अधीर तम, सूना राज।

    धीर समीर परस से पुलकित
            विकल हो चला श्रांत शरीर;
आशा की उलझी अलकों से
            उठी लहर मधुगंध अधीर।

    मनु का मन था विकल हो उठा
            संवेदन से खाकर चोट;
संवेदन! जीवन - जगती को
            जो कटुता से देता घोट।

    "आह! कल्पना का सुन्दर यह
            जगत मधुर कितना होता!
सुख-स्वप्नों का दल छाया में
            पुलकित हो जगता-सोता।

    संवेदन का और हृदय का
            यह संघर्ष न हो सकता;
फिर अभाव असफलताओं की
            गाथा कौन कहाँ बकता!

    कब तक और अकेले? कह दो
            हे मेरे जीवन बोलो?
किसे सुनाऊँ कथा? कहो मत
            अपनी निधि न व्यर्थ खोलो!

"तम के सुन्दरतम रहस्य, हे
    कांति किरण रंजित तारा !
व्यथित विश्व के सात्विक शीतल
    बिंदु, भरे नव रस सारा।

आतप तापित जीवन सुख की
    शांतिमयी छाया के देश,
हे अनंत की गणना देते
    तुम कितना मधुमय संदेश !

आह शून्यते! चुप होने में
    तू क्यों इतनी चतुर हुई ?
इंद्रजाल जननी! रजनी तू
    क्यों अब इतनी मधुर हुई ?

"जब कामना सिंधु तट आयी
    ले संध्या का तारा दीप,
फाड़ सुनहली साड़ी उसकी
    तू हँसती क्यों अरी प्रतीप ?

इस अनंत काले शासन का
    वह जब उच्छृंखल इतिहास।
आँसू औ' तम घोल लिख रही
    तू सहसा करती मृदु हास।

विश्व कमल की मृदुल मधुकरी
    रजनी तू किस कोने से—
आती चूम-चूम चल जाती
    पढ़ी हुई किस टोने से।

किस दिगंत रेखा में इतनी
                संचित कर सिसकी सी साँस,
यों समीर मिस हाँफ रही सी
                चली जा रही किसके पास।

विकल खिलखिलाती है क्यों तू ?
                इतनी हँसी न व्यर्थ बिखेर;
तुहिन कणों, फेनिल लहरों में,
                मच जावेगी फिर अंधेर।

घूँघट उठा देख मुसक्याती
                किसे ठिठकती सी आती;
विजन गगन में किसी भूल सी
                किसको स्मृति पथ में लाती ?

रजत कुसुम के नव पराग सी
                उड़ा न दे तू इतनी धूल;
इस ज्योत्स्ना की, अरी बावली !
                तू इसमें जावेगी भूल।

पगली हाँ सम्हाल ले कैसे
                छूट पड़ा तेरा अंचल;
देख, बिखरती है मणिराजी
                अरी उठा बेसुध चंचल।

फटा हुआ था नील बसन क्या
                ओ यौवन की मतवाली !
देख, अकिंचन जगत लूटता
                तेरी छवि भोली भाली।

ऐसे अतुल अनंत विभव में
        जाग पड़ा क्यों तीव्र विराग ?
या भूली सी खोज रही कुछ
        जीवन की छाती के दाग !

"मैं भी भूल गया हूँ कुछ,
        हाँ स्मरण नहीं होता, क्या था !
प्रेम, वेदना, भ्रांति या कि क्या ?
        मन जिसमें सुख सोता था !

मिले कहीं वह पड़ा अचानक
        उसको भी न लुटा देना ;
देख तुझे भी दूँगा तेरा
        भाग, न उसे भुला देना!"

❏❏❏

श्रद्धा

“कौन तुम? संसृति-जलनिधि तीर
तरंगों से फेंकी मणि एक,
कर रहे निर्जन का चुपचाप
प्रभा की धारा से अभिषेक ?

मधुर विश्रांत और एकांत—
जगत का सुलझा हुआ रहस्य,
एक करुणामय सुन्दर मौन
और चंचल मन का आलस्य!”

सुना यह मनु ने मधु गुंजार
मधुकरी का सा जब सानंद,
किये मुख नीचा कमल समान
प्रथम कवि का ज्यों सुन्दर छंद;

एक झिटका सा लगा सहर्ष,
निरखने लगे लुटे से, कौन—
गा रहा यह सुन्दर संगीत?
कुतूहल रह न सका फिर मौन।

और देखा वह सुन्दर दृश्य
नयन का इंद्रजाल अभिराम;
कुसुम-वैभव में लता समान
चंद्रिका से लिपटा घनश्याम।

हृदय की अनुकृति बाह्य उदार
एक लम्बी काया, उन्मुक्त ;
मधु पवन क्रीड़ित ज्यों शिशु साल
सुशोभित हो सौरभ संयुक्त।

मसृण गांधार देश के, नील
रोम वाले मेषों के चर्म,
ढक रहे थे उसका वपु कांत
बन रहा था वह कोमल वर्म।

नील परिधान बीच सुकुमार
खुल रहा मृदुल अधखुला अंग ,
खिला हो ज्यों बिजली का फूल
मेघ - बन बीच गुलाबी रंग।

आह! वह मुख! पश्चिम के व्योम–
बीच जब घिरते हों घन श्याम ;
अरुण रवि मंडल उनको भेद
दिखाई देता हो छविधाम।

या कि, नव इन्द्र नील लघु श्रृंग
फोड़ कर धधक रही हो कांत;
एक लघु ज्वालामुखी अचेत
माधवी रजनी में अश्रांत।

घिर रहे थे घुँघराले बाल
अंस अवलंबित मुख के पास ,
नील घन-शावक से सुकुमार
सुधा भरने को विधु के पास।

और उस मुख पर वह मुसक्यान!
            रक्त किसलय पर ले विश्राम
अरुण की एक किरण अम्लान
            अधिक अलसाई हो अभिराम।

नित्य यौवन छवि से हो दीप्त
            विश्व की करुण कामना मूर्ति;
स्पर्श के आकर्षण से पूर्ण
            प्रकट करती ज्यों जड़ में स्फूर्ति।

उषा की पहिली लेखा कांत,
            माधुरी से भीगी भर मोद;
मद भरी जैसे उठे सलज्ज
            भोर की तारक द्युति की गोद।

कुसुम कानन-अंचल में मन्द
            पवन प्रेरित सौरभ साकार,
रचित परमाणु पराग शरीर
            खड़ा हो ले मधु का आधार।

और पड़ती हो उस पर शुभ्र
            नवल मधु-राका मन की साध;
हँसी का मद विह्वल प्रतिबिम्ब
            मधुरिमा खेला सदृश अबाध!

कहा मनु ने, "नभ धरणी बीच
            बना जीवन रहस्य निरुपाय;
एक उल्का सा जलता भ्रांत,
            शून्य में फिरता हूँ असहाय।

शैल निर्झर न बना हतभाग्य,
        गल नहीं सका जो कि हिम खंड,
दौड़ कर मिला न जलनिधि अंक
        आह वैसा ही हूँ पाषंड।

पहेली सा जीवन है व्यस्त
        उसे सुलझाने का अभिमान
बताता है विस्मृति का मार्ग
        चल रहा हूँ बन कर अनजान।

भूलता ही जाता दिन-रात
        सजल अभिलाषा कलित अतीत;
बढ़ रहा तिमिर गर्भ में नित्य,
        दीन जीवन का यह संगीत।

क्या कहूँ, क्या हूँ मैं उद्भ्रांत?
        विवर में नील गगन के आज
वायु की भटकी एक तरंग,
        शून्यता का उजड़ा सा राज।

एक विस्मृति का स्तूप अचेत,
        ज्योति का धुँधला सा प्रतिबिम्ब;
और जड़ता की जीवन राशि,
        सफलता का संकलित विलम्ब।

"कौन हो तुम वसंत के दूत,
        विरस पतझड़ में अति सुकुमार।
घन तिमिर में चपला की रेख,
        तपन में शीतल मंद बयार।

नखत की आशा किरण समान
            हृदय की कोमल कवि की कांत—
कल्पना की लघु लहरी दिव्य
            कर रही मानस हलचल शांत!"

लगा कहने आगंतुक व्यक्ति
            मिटाता उत्कंठा सविशेष ;
दे रहा हो कोकिल सानन्द
            सुमन को ज्यों मधुमय सन्देशः—

"भरा था मन में नव उत्साह
            सीख लूँ ललित कला का ज्ञान
इधर रह गंधर्वों के देश,
            पिता की हूँ प्यारी संतान।

घूमने का मेरा अभ्यास
            बढ़ा था मुक्त व्योम-तल नित्य ;
कुतूहल खोज रहा था व्यस्त
            हृदय सत्ता का सुन्दर सत्य।

दृष्टि जब जाती हिम-गिरि ओर
            प्रश्न करता मन अधिक अधीर ,
धरा की यह सिकुड़न भयभीत
            आह, कैसी है? क्या है पीर ?

मधुरिमा में अपनी ही मौन ,
            एक सोया संदेश महान ,
सजग हो करता था संकेत;
            चेतन मचल उठी अनजान।

बढ़ा मन और चले ये पैर,
            शैल मालाओं का शृंगार;
आँख की भूख मिटी यह देख
            आह कितना सुन्दर सम्भार!

एक दिन सहसा सिंधु अपार
            लगा टकराने नग तल क्षुब्ध;
अकेला यह जीवन निरुपाय
            आज तक घूम रहा विश्रब्ध

यहाँ देखा कुछ बलि का अन्न,
            भूत-हित-रत किसका यह दान!
इधर कोई है अभी सजीव,
            हुआ ऐसा मन में अनुमान।

तपस्वी! क्यों इतने हो क्लांत?
            वेदना का यह कैसा वेग?
आह! तुम कितने अधिक हताश
            बताओ यह कैसा उद्वेग!

हृदय में क्या है नहीं अधीर,
            लालसा जीवन की निश्शेष!
कर रहा वंचित कहीं न त्याग
            तुम्हें, मन में घर सुन्दर वेश?

दुःख के डर से तुम अज्ञात
            जटिलताओं का कर अनुमान,
काम से झिझक रहे हो आज,
            भविष्यत् से बन कर अनजान।

कर रही लीलामय आनन्द,
            महाचिति सजग हुई सी व्यक्त,
विश्व का उन्मीलन अभिराम
            इसी में सब होते अनुरक्त !

काम मंगल से मंडित श्रेय
            सर्ग, इच्छा का है परिणाम;
तिरस्कृत कर उसको तुम भूल
            बनाते हो असफल भवधाम।

"दुःख की पिछली रजनी बीच
            विकसता सुख का नवल प्रभात;
एक परदा यह झीना नील
            छिपाये है जिसमें सुख गात।

जिसे तुम समझे हो अभिशाप,
            जगत की ज्वालाओं का मूल;
ईश का वह रहस्य वरदान
            कभी मत इसको जाओ भूल;

विषमता की पीड़ा से व्यस्त
            हो रहा स्पंदित विश्व महान;
यही दुख-सुख विकास का सत्य
            यही भूमा का मधुमय दान।

नित्य समरसता का अधिकार,
            उमड़ता कारण जलधि समान;
व्यथा से नीली लहरों बीच
            बिखरते सुख मणि गण द्युतिमान!"

लगे कहने मनु सहित विषाद :—
"मधुर मारुत से ये उच्छ्वास
अधिक उत्साह तरंग अबाध
उठाते मानस में सविलास।

किंतु जीवन कितना निरुपाय !
लिया है देख नहीं संदेह,
निराशा है जिसका परिणाम,
सफलता का वह कल्पित गेह।"

कहा आगंतुक ने सस्नेह :—
"अरे, तुम इतने हुए अधीर !
हार बैठे जीवन का दाँव,
जीतते मर कर जिसको वीर।

तप नहीं केवल जीवन सत्य
करुण यह क्षणिक दीन अवसाद;
तरल आकांक्षा से है भरा
सो रहा आशा का आह्लाद।

प्रकृति के यौवन का शृंगार
करेंगे कभी न बासी फूल;
मिलेंगे वे जाकर अति शीघ्र
आह उत्सुक है उनकी धूल।

पुरातनता का यह निर्मोक
सहन करती न प्रकृति पल एक;
नित्य नूतनता का आनंद
किये है परिवर्तन में टेक।

श्रद्धा

युगों की चट्टानों पर सृष्टि
        डाल पद-चिह्न चली गंभीर ;
देव, गंधर्व, असुर की पंक्ति
        अनुसरण करती उसे अधीर।

"एक तुम , यह विस्तृत भू खंड
        प्रकृति वैभव से भरा अमंद ;
कर्म का भोग, भोग का कर्म
        यही जड़ का चेतन आनंद।

अकेले तुम कैसे असहाय
        यजन कर सकते? तुच्छ विचार !
तपस्वी! आकर्षक से हीन
        कर सके नहीं आत्म विस्तार।

दब रहे हो अपने ही बोझ
        खोजते भी न कहीं अवलंब ;
तुम्हारा सहचर बन कर क्या न
        उऋण होऊँ मैं बिना विलम्ब ?

समर्पण लो सेवा का सार
        सजल संसृति का यह पतवार ,
आज से यह जीवन उत्सर्ग
        इसी पद तल में विगत विकार।

दया, माया, ममता लो आज,
        मधुरिमा लो, अगाध विश्वास ;
हमारा हृदय रत्न निधि स्वच्छ
        तुम्हारे लिए खुला है पास।

बनो संसृति के मूल रहस्य,
        तुम्हीं से फैलेगी वह बेल;
विश्व भर सौरभ से भर जाय
        सुमन से खेलो सुन्दर खेल।

"और यह क्या तुम सुनते नहीं
        विधाता का मंगल वरदान—
"शक्तिशाली हो, विजयी बनो"
        विश्व में गूँज रहा जय गान।

"डरो मत अरे अमृत संतान
        अग्रसर है मंगल मय वृद्धि;
पूर्ण आकर्षण जीवन केन्द्र
        खिंची आवेगी सकल समृद्धि।

देव-असफलताओं का ध्वंस
        प्रचुर उपकरण जुटा कर आज;
पड़ा है बन मानव संपत्ति
        पूर्ण हो मन का चेतन राज।

चेतना का सुन्दर इतिहास
        अखिल मानव भावों का सत्य;
विश्व के हृदय-पटल पर दिव्य
        अक्षरों से अंकित हो नित्य।

विधाता की कल्याणी सृष्टि
        सफल हो इस भूतल पर पूर्ण;
पटें सागर, बिखरें ग्रह-पुंज
        और ज्वालामुखियाँ हों चूर्ण।

उन्हें चिनगारी सदृश सदर्प
           कुचलती रहे खड़ी सानन्द ;
आज से मानवता की कीर्ति
           अनिल, भू, जल में रहे न बंद।

जलधि के फूटें कितने उत्स
           द्वीप, कच्छप डूबें - उतरायँ ;
किंतु वह खड़ी रहे दृढ़ मूर्ति
           अभ्युदय का कर रही उपाय।

विश्व की दुर्बलता बल बने,
           पराजय का बढ़ता व्यापार
हँसाता रहे उसे सविलास
           शक्ति का क्रीड़ा मय संचार।

शक्ति के विद्युत्कण, जो व्यस्त
           विकल बिखरे हैं, हो निरुपाय ;
समन्वय उसका करे समस्त
           विजयिनी मानवता हो जाय !"

■■■

काम

"मधुमय वसंत जीवन वन के,
   बह अन्तरिक्ष की लहरों में;
कब आये थे तुम चुपके से;
   रजनी के पिछले पहरों में !

क्या तुम्हें देख कर आते यों,
   मतवाली कोयल बोली थी !
उस नीरवता में अलसाई
   कलियों ने आँखें खोली थीं !

जब लीला से तुम सीख रहे
   कोरक कोने में लुक रहना !
तब शिथिल सुरभि से धरणी में
   बिछलन न हुई थी? सच कहना।

जब लिखते थे तुम सरस हँसी
   अपनी, फूलों के अंचल में;
अपना कलकंठ मिलाते थे
   झरनों के कोमल कल-कल में।

निश्चिंत आह! वह था कितना
   उल्लास, काकली के स्वर में !
आनंद प्रतिध्वनि गूँज रही
   जीवन दिगंत के अंबर में।

शिशु चित्रकार चंचलता में
             कितनी आशा चित्रित करते !
अस्पष्ट एक लिपि ज्योतिमयी
             जीवन की आँखों में भरते।

लतिका घूँघट से चितवन की
             वह कुसुम दुग्ध सी मधु धारा,
प्लावित करती मन अजिर रही,
             था तुच्छ विश्व वैभव सारा।

वे फूल और वह हँसी रही
             वह सौरभ, वह निश्वास छना;
वह कलरव, वह संगीत अरे
             वह कोलाहल एकांत बना।"

कहते-कहते कुछ सोच रहे
             लेकर निश्वास निराशा की;
मनु अपने मन की बात, रुकी
             फिर भी न प्रगति अभिलाषा की।

"ओ नील आवरण जागती के
             दुर्बोध न तू ही है इतना;
अवगुंठन होता आँखों का
             आलोक रूप बनता जितना।

चल-चक्र वरुण का ज्योति भरा
             व्याकुल तू क्यों देता फेरी ?
तारों के फूल बिखरते हैं
             लुटती है असफलता तेरी।

नव नील कुंज हैं झीम रहे,
           कुसुमों की कथा न बंद हुई;
है अंतरिक्ष आमोद भरा
           हिम कणिका ही मकरंद हुई।

इस इंदीवर से गंध भरी
           बुनती जाली मधु की धारा;
मन मधुकर की अनुराग मयी
           बन रही मोहिनी सी कारा।

अणुओं को है विश्राम कहाँ
           यह कृति मय वेग भरा कितना;
अविराम नाचता कंपन है,
           उल्लास सजीव हुआ कितना !

उन नृत्य शिथिल निश्वासों की,
           कितनी है मोहमयी माया,
जिनसे समीर छनता-छनता
           बनता है प्राणों की छाया।

आकाश - रंध्र हैं पूरित से
           यह सृष्टि गहन सी होती है;
आलोक सभी मूर्छित सोते,
           यह आँख थकी सी रोती है।

सौंदर्यमयी चंचल कृतियाँ
           बनकर रहस्य हैं नाच रहीं;
मेरी आँखों को रोक वहीं
           आगे बढ़ने में जाँच रहीं।

मैं देख रहा हूँ जो कुछ भी,
वह सब क्या छाया उलझन है ?
सुन्दरता के इस परदे में
क्या अन्य धरा कोई धन है ?

मेरी अक्षयनिधि! तुम क्या हो,
पहचान सकूँगा क्या न तुम्हें ?
उलझन प्राणों के धागों की
सुलझन का समझूँ मान तुम्हें।

माधवी निशा की अलसाई
अलकों में लुकते तारा सी ;
क्या हो सूने मरु - अंचल में
अंतःसलिला की धारा सी !

श्रुतियों में चुपके-चुपके से
कोई मधु धारा घोल रहा ;
इस नीरवता के परदे में
जैसे कोई कुछ बोल रहा।

है स्पर्श मलय के झिलमिल सा
संज्ञा को और सुलाता है ;
पुलकित हो आँखें बन्द किये
तंद्रा को पास बुलाता है।

व्रीड़ा है यह चंचल कितनी
विभ्रम से घूँघट खींच रही;
छिपने पर स्वयं मृदुल कर से
क्यों मेरी आँखें मींच रही!

उद्‌बुद्ध क्षितिज की श्याम छटा
इस उदित शुक्र की छाया में;
ऊषा सा कौन रहस्य लिये
सोती किरनों की काया में!

उठती है किरनों के ऊपर
कोमल किसलय की छाजन सी;
स्वर का मधु निस्वन रंध्रों में
जैसे कुछ दूर बजे बंसी।

सब कहते हैं 'खोलो-खोलो,
छवि देखूँगा जीवन धन की',
आवरण स्वयं बनते जाते
है भीड़ लग रही दर्शन की।

चाँदनी सदृश खुल जाय कहीं
अवगुंठन आज सँवरता सा,
जिसमें अनंत कल्लोल भरा
लहरों में मस्त विचरता सा—

अपना फेनिल फन पटक रहा,
मणियों का जाल लुटाता सा;
उन्निद्र दिखाई देता हो
उन्मत्त हुआ कुछ गाता सा।"

"जो कुछ हो, मैं न सम्हालूँगा
इस मधुर भार को जीवन के;
आने दो कितनी आती हैं
बाधायें दम संयम बन के।

काम

नक्षत्रों, तुम क्या देखोगे
  इस ऊषा की लाली क्या है ?
संकल्प भर रहा है उनमें
  संदेहों की जाली क्या है ?

कौशल यह कोमल कितना है
  सुषमा दुर्भेद्य बनेगी क्या ?
चेतना इन्द्रियों की मेरी
  मेरी ही हार बनेगी क्या ?

"पीता हूँ, हाँ, मैं पीता हूँ
  यह स्पर्श, रूप, रस, गंध भरा ;
मधु लहरों के टकराने से
  ध्वनि में है क्या गुंजार भरा।

तारा बनकर यह बिखर रहा
  क्यों स्वप्नों का उन्माद अरे !
मादकता माती नींद लिये
  सोऊँ मन में अवसाद भरे।"

चेतना शिथिल सी होती है
  उन अंधकार की लहरों में ;
मनु डूब चले धीरे - धीरे
  रजनी के पिछले पहरों में।

उस दूर क्षितिज में सृष्टि बनी
  स्मृतियों की संचित छाया से ;
इस मन को है विश्राम कहाँ
  चंचल यह अपनी माया से।

जागरण लोक था भूल चला
        स्वप्नों का सुख संचार हुआ ;
कौतुक सा बन मनु के मन का
        वह सुन्दर क्रीड़ागार हुआ।

था व्यक्ति सोचता आलस में
        चेतना सजग रहती दुहरी ,
कानों के कान खोल कर के
        सुनती थी कोई ध्वनि गहरी।

"प्यासा हूँ मैं अब भी प्यासा
        संतुष्ट ओघ से मैं न हुआ ;
आया फिर भी वह चला गया
        तृष्णा को तनिक न चैन हुआ।

देवों की सृष्टि विलीन हुई
        अनुशीलन में अनुदिन मेरे ;
मेरा अतिचार न बंद हुआ
        उन्मत्त रहा सबको घेरे।

मेरी उपासना करते वे
        मेरा संकेत विधान बना ;
विस्तृत जो मोह रहा मेरा
        वह देव विलास वितान तना।

मैं काम रहा सहचर उनका,
        उनके विनोद का साधन था ;
हँसता था और हँसाता था
        उनका मैं कृतिमय जीवन था।

जो आकर्षण बन हँसती थी
    रति थी अनादि वासना वही;
अव्यक्त प्रकृति उन्मीलन के
    अंतर में उसकी चाह रही।

हम दोनों का अस्तित्व रहा
    उस आरम्भिक आवर्त्तन सा;
जिससे संसृति का बनता है
    आकार रूप के नर्त्तन सा।

उस प्रकृति लता के यौवन में
    उस पुष्पवती के माधव का;
मधु हास हुआ था वह पहला
    दो रूप मधुर जो ढाल सका।

"वह मूल शक्ति उठ खड़ी हुई
    अपने आलस का त्याग किये;
परमाणु बाल सब दौड़ पड़े
    जिसका सुन्दर अनुराग लिये।

कुंकुम का चूर्ण उड़ाते से
    मिलने को गले ललकते से;
अंतरिक्ष के मधु उत्सव के
    विद्युत्कण मिले झलकते से।

वह आकर्षण, वह मिलन हुआ
    प्रारम्भ माधुरी छाया में;
जिसको कहते सब सृष्टि, बनी
    मतवाली अपनी माया में।

प्रत्येक नाश विश्लेषण भी
संश्लिष्ट हुए, बन सृष्टि रही ;
ऋतुपति के घर कुसुमोत्सव था,
मादक मरंद की वृष्टि रही।

भुज - लता पड़ी सरिताओं की
शैलों के गले सनाथ हुए ;
जलनिधि का अंचल व्यजन बना
धरणी का, दो-दो साथ हुए।

कोरक अंकुर सा जन्म रहा,
हम दोनों साथी झूल चले ;
उस नवल सर्ग के कानन में
मृदु मलयानिल से फूल चले।

हम भूख-प्यास से जाग उठे,
आकांक्षा - तृप्ति समन्वय में ;
रति - काम बने उस रचना में
जो रही नित्य यौवन वय में।"

"सुरबालाओं की सखी रही
उनकी हृत्तंत्री की लय थी ;
रति, उनके मन को सुलझाती
वह राग भरी थी, मधुमय थी।

मैं तृष्णा था विकसित करता
वह तृप्ति दिखाती थी उनको ;
आनंद - समन्वय होता था
हम ले चलते पथ पर उनको।

वे अमर रहे न विनोद रहा,
चेतनता रही, अनंग हुआ ;
हूँ भटक रहा अस्तित्व लिये
संचित का सरल प्रसंग हुआ।"

"यह नीड़ मनोहर कृतियों का
यह विश्व कर्म रंगस्थल है ;
है परंपरा लग रही यहाँ
ठहरा जिसमें जितना बल है।

वे कितने ऐसे होते हैं
जो केवल साधन बनते हैं ;
आरम्भ और परिणामों के
सम्बन्ध सूत्र से बुनते हैं।

ऊषा की सजल गुलाली जो
घुलती है नीले अंबर में ;
वह क्या है? क्या तुम देख रहे
वर्णों के मेघाडंबर में ?

अंतर है दिन औ रजनी का
यह साधक कर्म बिखरता है ;
माया के नीले अंचल में
आलोक बिंदु सा झरता है।"

"आरंभिक वात्या उद्गम मैं
अब प्रगति बन रहा संसृति का ;
मानव की शीतल छाया में
ऋण शोध करूँगा निज कृति का।

दोनों का समुचित प्रतिवर्त्तन
जीवन में शुद्ध विकास हुआ ;
प्रेरणा अधिक अब स्पष्ट हुई
जल विप्लव में पड़ ह्रास हुआ।

यह लीला जिसकी विकस चली
वह मूल शक्ति थी प्रेम कला ;
उसका संदेश सुनाने को
संसृति में आई वह अमला।

हम दोनों की संतान वही,
कितनी सुन्दर भोली - भाली ;
रंगों ने जिनसे खेला हो
ऐसे फूलों की वह डाली।

जड़ - चेतनता की गाँठ वही
सुलझन है भूल - सुधारों की।
वह शीतलता है शांतिमयी
जीवन के उष्ण विचारों की।

उसके पाने की इच्छा हो
तो योग्य बनो" कहती-कहती ;
वह ध्वनि चुपचाप हुई सहसा
जैसे मुरली चुप हो रहती

मनु आँख खोलकर पूछ रहे :—
"पथ कौन वहाँ पहुँचाता है ?
उस ज्योतिमयी को देव! कहो
कैसे कोई नर पाता है?"

पर कौन वहाँ उत्तर देता?
            वह स्वप्न अनोखा भंग हुआ;
देखा तो सुन्दर प्राची में
            अरुणोदय का रस रंग हुआ।

उस लता कुंज की झिल-मिल से
            हेमाभरश्मि थी खेल रही;
देवों के सोम सुधा रस की
            मनु के हाथों में बेल रही।

◻◻◻

वासना

चल पड़े कब से हृदय दो पथिक से अश्रांत;
यहाँ मिलने के लिए, जो भटकते थे भ्रांत।
एक गृह-पति, दूसरा था अतिथि विगत विकार;
प्रश्न था यदि एक, तो उत्तर द्वितीय उदार!

एक जीवन सिंधु था, तो वह लहर लघु लोल;
एक नवल प्रभात, तो वह स्वर्ण किरण अमोल।
एक था आकाश वर्षा का सजल उद्दाम;
दूसरा रंजित किरण से श्री-कलित घनश्याम!

नदी तट के क्षितिज में नव जलद, सांयकाल;
खेलता ज्यों दो बिजलियों से मधुरिमा जाल।
लड़ रहे अविरत युगल थे चेतना के पाश;
एक सकता था न कोई दूसरे को फाँस!

था समर्पण में ग्रहण का एक सुनिहित भाव;
थी प्रगति, पर अड़ा रहता था सतत अटकाव।
चल रहा था विजन-पथ पर मधुर जीवन-खेल;
दो अपरिचित से नियति अब चाहती थी मेल।

नित्य परिचित हो रहे तब भी रहा कुछ शेष;
गूढ़ अंतर का छिपा रहता रहस्य विशेष।
दूर जैसे सघन वन-पथ अंत का आलोक;
सतत होता जा रहा हो, नयन की गति रोक।

गिर रहा निस्तेज गोलक जलधि में असहाय;
घन पटल में डूबता था किरण का समुदाय।
कर्म का अवसाद दिन में कर रहा छल छंद;
मधुकरी का सुरस संचय हो चला अब बंद।

उठ रही थी कालिमा धूसर क्षितिज से दीन;
भेंटता अंतिम अरुण आलोक वैभव हीन।
यह दरिद्र मिलन रहा रच एक करुणा लोक;
शोक भर निर्जन निलय से बिछुड़ते थे कोक।

मनु अभी तक मनन करते थे लगाये ध्यान;
काम के संदेश से ही भर रहे थे कान।
इधर गृह में आ जुटे थे उपकरण अधिकार;
शस्य पशु या धान्य का होने लगा संचार।

नई इच्छा खींच लाती, अतिथि का संकेत—
चल रहा था सरल शासन युक्त सुरुचि समेत।
देखते थे अग्नि - शाला से कुतूहल युक्त;
मनु चमत्कृत निज नियति का खेल बंधन - मुक्त।

एक माया! आ रहा था पशु अतिथि के साथ!
हो रहा था मोह करुणा से सजीव सनाथ!
चपल कोमल कर रहा फिर सतत पशु के अंग;
स्नेह से करता चमर उद्ग्रीव हो वह संग।

कभी पुलकित रोम राजी से शरीर उछाल;
भाँवरों से निज बनाता अतिथि सन्निधि जाल।
कभी निज भोले नयन से अतिथि बदन निहार;
सकल संचित स्नेह देता दृष्टि पथ से डार;

और वह पुचकारने का स्नेह शवलित चाव ;
मंजु ममता से मिला बन हृदय का सद्भाव ।
देखते ही देखते दोनों पहुँच कर पास ;
लगे करने सरल शोभन मधुर मुग्ध विलास ।

वह विराग - विभूति ईर्षा - पवन से हो व्यस्त ;
बिखरती थी ; और खुलते ज्वलन कण जो अस्त ।
किन्तु यह क्या? एक तीखी घूँट, हिचकी आह !
कौन देता है हृदय में वेदना मय डाह ?

"आह यह पशु और इतना सरल सुन्दर स्नेह !
पल रहे मेरे दिये जो अन्न से इस गेह ।
मैं ? कहाँ मैं ? ले लिया करते सभी निज भाग ;
और देते फेंक मेरा प्राप्य तुच्छ विराग !

अरी नीच कृतघ्नते ! पिच्छल शिला संलग्न ;
मलिन काई सी करेगी हृदय कितने भग्न ?
हृदय का राजस्व अपहृत, कर अधम अपराध ।
दस्यु मुझसे चाहते हैं सुख सदा निर्बाध ।

विश्व में जो सरल सुन्दर हो विभूति महान ;
सभी मेरी हैं, सभी करती रहें प्रतिदान ।
यही तो, मैं ज्वलित वाडव-वह्नि नित्य अशांत ;
सिन्धु लहरों सा करें शीतल मुझे सब शांत ।"

आ गया फिर पास क्रीड़ाशील अतिथि उदार ;
चपल शैशव सा मनोहर भूल का ले भार ।
कहा "क्यों तुम अभी बैठे ही रहे धर ध्यान ;
देखती हैं आँख कुछ, सुनते रहे कुछ कान —

मन कहीं, यह क्या हुआ है? आज कैसा रंग?"
नत हुआ फण दृप्त ईर्षा का, विलीन उमंग।
और सहलाने लगा कर-कमल कोमल कांत;
देख कर वह रूप सुषमा मनु हुए कुछ शांत।

कहा "अतिथि! कहाँ रहे तुम किधर थे अज्ञात;
और यह सहचर तुम्हारा कर रहा ज्यों बात–
किसी सुलभ भविष्य की, क्यों आज अधिक अधीर?
मिल रहा तुमसे चिरंतन स्नेह सा गंभीर?

कौन हो तुम खींचते यों मुझे अपनी ओर;
और ललचाते स्वयं हटते उधर की ओर!
ज्योत्स्ना निर्झर! ठहरती ही नहीं यह आँख;
तुम्हें कुछ पहचानने की खो गई सी साख।

कौन करुण रहस्य है तुममें छिपा छविमान?
लता वीरुध दिया करते जिसे छाया दान।
पशु कि हो पाषाण सब में नृत्य का नव छंद;
एक आलिंगन बुलाता सभी को सानंद।

राशि-राशि बिखर पड़ा है शांत संचित प्यार।
रख रहा है उसे ढोकर दीन विश्व उधार।
देखता हूँ चकित जैसे ललित लतिका-लास;
अरुण धन की सजल छाया में दिनांत निवास–

और उसमें हो चला जैसे सहज सविलास;
मदिर माधव यामिनी का धीर पदविन्यास।
आह यह जो रहा सूना पड़ा कोना दीन;
ध्वस्त मंदिर का, बसाता जिसे कोई भी न–

उसी में विश्राम माया का अचल आवास;
अरे यह सुख नींद कैसी, हो रहा हिम हास!
वासना की मधुर छाया! स्वास्थ्य बल विश्राम!
हृदय की सौंदर्य प्रतिमा! कौन तुम छवि धाम?

कामना की किरन का जिसमें मिला हो ओज;
कौन हो तुम, इसी भूले हृदय की चिर खोज!
कुन्द मंदिर सी हँसी ज्यों खुली सुषमा बाँट;
क्यों न वैसे ही खुला यह हृदय रुद्ध कपाट?"

कहा हँस कर "अतिथि हूँ मैं, और परिचय व्यर्थ;
तुम कभी उद्विग्न इतने थे न इसके अर्थ!
चलो, देखो वह चला आता बुलाने आज—
सरल हँसमुख विधु जलद लघु खण्ड वाहन साज!

कालिमा घुलने लगी घुलने लगा आलोक,
इसी निभृत अनंत में बसने लगा अब लोक;
इस निशामुख की मनोहर सुधामय मुसक्यान,
देख कर सब भूल जायें दुःख के अनुमान।

देख लो, ऊँचे शिखर का व्योम चुम्बन व्यस्त;
लोटना अंतिम किरण का और होना अस्त।
चलो तो इस कौमुदी में देख आवें आज;
प्रकृति का यह स्वप्न शासन, साधना का राज।"

सृष्टि हँसने लगी आँखों में खिला अनुराग;
राग रंजित चंद्रिका थी, उड़ा सुमन पराग।
और हँसना था अतिथि मनु का पकड़ कर हाथ;
चले दोनों, स्वप्न पथ में स्नेह संबल साथ।

देवदारु निकुंज गह्वर सब सुधा में स्नात ;
सब मनाते एक उत्सव जागरण की रात।
आ रही थी मदिर भीनी माधवी की गंध ;
पवन के घन घिरे पड़ते थे बने मधु अंध।

शिथिल अलसाई पड़ी छाया निशा की कांत ;
सो रही थी शिशिर कण की सेज पर विश्रांत।
उसी झुरमुट में हृदय की भावना थी भ्रांत ;
जहाँ छाया सृजन करती थी कुतूहल कांत।

कहा मनु ने "तुम्हें देखा अतिथि! कितनी बार ;
किन्तु इतने तो न थे तुम दबे छवि के भार !
पूर्व जन्म कहूँ कि था स्पृहणीय मधुर अतीत ;
गूँजते जब मदिर घन में वासना के गीत।

भूल कर जिस दृश्य को मैं बना आज अचेत ;
वही कुछ सव्रीड़, सस्मित कर रहा संकेत।
"मैं तुम्हारा हो रहा हूँ" यही सुदृढ़ विचार ;
चेतना का परिधि बनता घूम चक्राकार।

मधु बरसती विधु किरन हैं काँपती सुकुमार ?
पवन में है पुलक मंथर, चल रहा मधु-भार।
तुम समीप, अधीर इतने आज क्यों हैं प्राण ?
छक रहा है किस सुरभि से तृप्त होकर घ्राण ?

आज क्यों संदेह होता रूठने का व्यर्थ ;
क्यों मनाना चाहता सा बन रहा असमर्थ !
धमनियों में वेदना सा रक्त का संचार ;
हृदय में है काँपती धड़कन, लिये लघु भार !

चेतना रंगीन ज्वाला परिधि में सानन्द,
मानती सी दिव्य सुख कुछ गा रही है छंद!
अग्नि कीट समान जलती है भरी उत्साह;
और जीवित है, न छाले हैं न उसमें दाह!

कौन हो तुम विश्व माया कुहक सी साकार,
प्राण सत्ता के मनोहर भेद सी सुकुमार!
हृदय जिसकी कांत छाया में लिये निश्वास,
थके पथिक समान करता व्यजन ग्लानि विनाश?"

श्याम नभ में मधु किरन सा फिर वही मृदु हास,
सिंधु की हिलकोर दक्षिण का समीर विलास!
कुंज में गुंजरित कोई मुकुल सा अव्यक्त,
लगा कहने अतिथि, मनु थे सुन रहे अनुरक्त—

"यह अतृप्ति अधीर मन की क्षोभयुत उन्माद,
सखे! तुमुल तरंग सा उच्छ्वासमय संवाद।
मत कहो, पूछो न कुछ, देखो न कैसी मौन,
विमल राका मूर्ति बन कर स्तब्ध बैठा कौन!

विभव मतवाली प्रकृति का आवरण वह नील,
शिथिल है, जिस पर बिखरता प्रचुर मंगल खील;
राशि-राशि नखत-कुसुम की अर्चना अश्रांत;
बिखरती है, ताम रस सुन्दर चरण के प्रांत।"

मनु निरखने लगे ज्यों-ज्यों यामिनी का रूप,
वह अनन्त प्रगाढ़ छाया फैलती अपरूप;
बरसता था मदिर कण सा स्वच्छ सतत अनन्त,
मिलन का संगीत होने लगा था श्रीमंत।

छूटतीं चिनगारियाँ उत्तेजना उद्भ्रांत,
धधकती ज्वाला मधुर, था वक्ष विकल अशांत।
वात चक्र समान कुछ था बाँधता आवेश,
धैर्य का कुछ भी न मनु के हृदय में था लेश;

कर पकड़ उन्मत्त से हो लगे कहने, "आज,
देखता हूँ दूसरा कुछ मधुरिमामय साज!
वही छवि! हाँ वही जैसे! किन्तु क्या यह भूल?
रही विस्मृति संधु में स्मृति नाव विकल अकूल!

जन्म संगिनि एक थी जो काम बाला, नाम—
मधुर श्रद्धा था, हमारे प्राण को विश्राम—
सतत मिलता था उसी से, अरे जिसको फूल,
दिया करते अर्थ में मकरन्द, सुषमा मूल!

प्रलय में भी बच रहे हम फिर मिलन का मोद,
रहा मिलने को बचा सूने जगत की गोद!
ज्योत्स्ना सी निकल आई! पार कर नीहार,
प्रणय विधु है खड़ा नभ में लिये तारक हार!

कुटिल कुंतल से बनाती काल माया जाल,
नीलिमा से नयन की रचती तमिस्रा माल।
नींद सी दुर्भेद्य तम की, फेंकती यह दृष्टि,
स्वप्न सी है बिखर जाती हँसी की चल सृष्टि।

हुई केंद्रीभूत सी है साधना की स्फूर्ति,
दृढ़ सकल सुकुमारता में रम्य नारी मूर्ति।
दिवाकर दिन या परिश्रम का विकल विश्रांत,
मैं पुरुष शिशु सा भटकता आज तक था भ्रांत।

चन्द्र की विश्राम राका बालिका सी कांत,
विजयिनी सी दीखती तुम माधुरी सी शांत।
पददलित सी थकी व्रज्या ज्यों सदा आक्रांत,
शस्य श्यामल भूमि में होती समाप्त अशांत।

आह! वैसा ही हृदय का बन रहा परिणाम,
पा रहा हूँ आज देकर तुम्हीं से निज काम।
आज ले लो चेतना का यह समर्पण दान।
विश्व रानी! सुन्दरी नारी! जगत की मान!"

धूम लतिका सी गगन तरु पर न चढ़ती दीन,
दबी शिशिर निशीथ में ज्यों ओस भार नवीन।
झुक चली सव्रीड़ वह सुकुमारता के भार,
लद गई पाकर पुरुष का नर्ममय उपचार;

और वह नारीत्व का जो मूल मधु अनुभाव,
आज जैसे हँस रहा भीतर बढ़ाता चाव।
मधुर व्रीड़ा मिश्र चिंता साथ ले उल्लास,
हृदय का आनन्द कूजन लगा करने रास।

गिर रहीं पलकें, झुकी थी नासिका की नोक,
भ्रू लता थी कान तक चढ़ती रही बेरोक।
स्पर्श करने लगी लज्जा ललित कर्ण कपोल,
खिला पुलक कदंब सा था भरा गदगद बोल।

किन्तु बोली "क्या समर्पण आज का हे देव!
बनेगा चिर-बंध नारी हृदय हेतु सदैव।
आह मैं दुर्बल, कहो क्या ले सकूँगी दान!
वह, जिसे उपभोग करने में विकल हों प्रान?"

□□□

लज्जा

"कोमल किसलय के अंचल में
            नन्ही कलिका ज्यों छिपती सी;
गोधूली के धूमिल पट में
            दीपक के स्वर में दिपती सी।

मंजुल स्वप्नों की विस्मृति में
            मन का उन्माद निखरता ज्यों;
सुरभित लहरों की छाया में
            बुल्ले का विभव बिखरता ज्यों;

वैसी ही माया में लिपटी
            अधरों पर उँगली धरे हुए।
माधव के सरस कुतूहल का
            आँखों में पानी भरे हुए।

नीरव निशीथ में लतिका सी
            तुम कौन आ रही हो बढ़ती?
कोमल बाहें फैलाये सी
            आलिंगन का जादू पढ़ती!

किन इन्द्रजाल के फूलों से
            लेकर सुहाग कण राग भरे;
सिर नीचा कर हो गूँथ रही
            माला जिससे मधु धार ढरे?

पुलकित कदंब की माला सी
   पहना देती हो अन्तर में;
झुक जाती है मन की डाली
   अपनी फलभरता के डर में।

वरदान सदृश हो डाल रही
   नीली किरनों से बुना हुआ;
यह अंचल कितना हलका सा
   कितने सौरभ से सना हुआ।

सब अंग मोम से बनते हैं
   कोमलता में बल खाती हूँ;
मैं सिमिट रही सी अपने में
   परिहास गीत सुन पाती हूँ।

स्मित बन जाती है तरल हँसी
   नयनों में भर कर बाँकपना;
प्रत्यक्ष देखती हूँ सब जो
   वह बनता जाता है सपना।

मेरे सपनों में कलरव का
   संसार आँख जब खोल रहा;
अनुराग समीरों पर तिरता
   था इतराता सा डोल रहा।

अभिलाषा अपने यौवन में
   उठती उस सुख के स्वागत को;
जीवन भर के बल वैभव से
   सत्कृत करती दूरागत को।

किरनों का रज्जु समेट लिया
        जिसका अवलंबन ले चढ़ती ;
रस के निर्झर से धँस कर मैं
        आनन्द शिखर के प्रति बढ़ती।

छूने में हिचक, देखने में
        पलकें आँखों पर झुकती हैं ;
कलरव परिहास भरी गूँजें
        अधरों तक सहसा रुकती हैं।

संकेत कर रही रोमाली
        चुपचाप बरजती खड़ी रही ;
भाषा बन भौंहों की काली
        रेखा सी भ्रम में पड़ी रही।

तुम कौन? हृदय की परवशता?
        सारी स्वतंत्रता छीन रहीं ;
स्वच्छंद सुमन जो खिले रहे
        जीवन वन से हो बीन रहीं !

संध्या की लाली में हँसती,
        उसका ही आश्रय लेती सी ;
छाया प्रतिमा गुनगुना उठी
        श्रद्धा का उत्तर देती सी।

"इतना न चमत्कृत हो बाले !
        अपने मन का उपकार करो ;
मैं एक पकड़ हूँ जो कहती
        ठहरो कुछ सोच विचार करो।

अंबर - चुम्बी हिम शृंगों से
	कलरव कोलाहल साथ लिये ;
विद्युत की प्राणमयी धारा
	बहती जिसमें उन्माद लिये ।

मंगल कुंकुम की श्री जिसमें
	निखरी हो ऊषा की लाली ;
भोला सुहाग इठलाता हो
	ऐसी हो जिसमें हरियाली ;

हो नयनों का कल्याण बना
	आनंद सुमन सा विकसा हो ,
वासंती के वन - वैभव में
	जिसका पंचम स्वर पिक सा हो ;

जो गूँज उठे फिर नस-नस में
	मूर्च्छना समान मचलता सा ,
आँखों के साँचे में आकर
	रमणीय रूप बन ढलता सा ;

नयनों की नीलम की घाटी
	जिस रस घन से छा जाती हो ,
वह कौंध कि जिससे अंतर की
	शीतलता ठंडक पाती हो ।

हिल्लोल भरा हो ऋतुपति का
	गोधूली की सी ममता हो ,
जागरण प्रात सा हँसता हो
	जिसमें मध्याह्न निखरता हो ।

हो चकित निकल आई सहसा
    जो अपने प्राची के घर से,
उस नवल चंद्रिका सा बिछले
    जो मानस की लहरों पर से।

फूलों की कोमल पंखुड़ियाँ
    बिखरें जिसके अभिनन्दन में,
मकरंद मिलाती हों अपना
    स्वागत के कुंकुम चंदन में।

कोमल किसलय मर्मर रव से
    जिसका जय घोष सुनाते हों,
जिसमें दुख-सुख मिलकर मन के
    उत्सव आनंद मनाते हों।

उज्ज्वल वरदान चेतना का
    सौंदर्य जिसे सब कहते हैं,
जिसमें अनंत अभिलाषा के
    सपने सब जगते रहते हैं।

मैं उसी चपल की धात्री हूँ
    गौरव महिमा हूँ सिखलाती,
ठोकर जो लगने वाली है
    उसको धीरे से समझाती।

मैं देव सृष्टि की रति रानी
    निज पंचवाण से वंचित हो,
बन आवर्जना मूर्ति दीना
    अपनी अतृप्ति सी संचित हो।

अवशिष्ट रह गई अनुभव में
        अपनी अतीत असफलता सी,
लीला विलास की खेद भरी
        अवसाद मयी श्रम दलिता सी।

मैं रति की प्रतिकृति लज्जा हूँ
        मैं शालीनता सिखाती हूँ,
मतवाली सुन्दरता पग में
        नूपुर सी लिपट मनाती हूँ।

लाली बन सरल कपोलों में
        आँखों में अंजन सी लगती,
कुंचित अलकों सी घुँघराली
        मन की मरोर बन कर जगती।

चंचल किशोर सुन्दरता की
        मैं करती रहती रखवाली,
मैं वह हलकी सी मसलन हूँ
        जो बनती कानों की लाली।"

"हाँ ठीक, परन्तु बताओगी
        मेरे जीवन का पथ क्या है?
इस निविड़ निशा में संसृति की
        आलोकमयी रेखा क्या है?

यह आज समझ तो पायी हूँ
        मैं दुर्बलता में नारी हूँ,
अवयव की सुन्दर कोमलता
        लेकर मैं सब से हारी हूँ।

पर मन भी क्यों इतना ढीला
अपने ही होता जाता है !
घनश्याम खंड सी आँखों में
क्यों सहसा जल भर आता है !

सर्वस्व समर्पण करने की
विश्वास महा तरु छाया में,
चुपचाप पड़ी रहने की क्यों
ममता जगती है माया में ?

छायापथ में तारक द्युति सी
झिलमिल करने की मधु लीला,
अभिनय करती क्यों इस मन में
कोमल निरीहता श्रम शीला ?

निस्संबल होकर तिरती हूँ
इस मानस की गहराई में,
चाहती नहीं जागरण कभी
सपने की इस सुघराई में।

नारी जीवन का चित्र यही
क्या? विकल रंग भर देती हो,
अस्फुट रेखा की सीमा में;
आकार कला को देती हो।

रुकती हूँ और ठहरती हूँ
पर सोच-विचार न कर सकती,
पगली सी कोई अंतर में
बैठी जैसे अनुदिन बकती।

मैं जभी (जब ही) तोलने का करती
    उपचार स्वयं तुल जाती हूँ,
भुज लता फँसा कर नर तरु से
    झूले सी झोंके खाती हूँ।

इस अर्पण में कुछ और नहीं
    केवल उत्सर्ग छलकता है,
मैं दे दूँ और न फिर कुछ लूँ
    इतना ही सरल झलकता है।"

"क्या कहती हो ठहरो नारी!
    संकल्प अश्रु जल से अपने,
तुम दान कर चुकीं पहले ही
    जीवन के सोने से सपने।

नारी! तुम केवल श्रद्धा हो
    विश्वास रजत नग पग तल में,
पीयूष स्रोत सी बहा करो
    जीवन के सुन्दर समतल में।

देवों की विजय, दानवों की
    हारों का होता युद्ध रहा,
संघर्ष सदा उर अंतर में
    जीवित रह नित्य विरुद्ध रहा।

आँसू से भीगे अंचल पर
    मन का सब कुछ रखना होगा,
तुमको अपनी स्मित रेखा से
    यह सन्धि - पत्र लिखना होगा।"

कर्म

कर्म सूत्र संकेत सदृश थी
          सोम लता तब मनु को,
चढ़ी शिंजिनी सी, खींचा फिर
          उसने जीवन - धनु को।

हुए अग्रसर उसी मार्ग में
          छूटे तीर से फिर वे,
यज्ञ - यज्ञ की कटु पुकार से
          रह न सके अब थिर वे।

भरा कान में कथन काम का
          मन में नव अभिलाषा,
लगे सोचने मनु अतिरंजित
          उमड़ रही थी आशा।

ललक रही थी ललित लालसा
          सोम - पान की प्यासी,
जीवन के उस दीन विभव में
          जैसी बनी उदासी।

जीवन की अविराम साधना
          भर उत्साह खड़ी थी,
ज्यों प्रतिकूल पवन में तरणी
          गहरे लौट पड़ी थी।

श्रद्धा के उत्साह वचन, फिर
  काम प्रेरणा मिल के;
भ्रांत अर्थ बन आगे आये
  बने ताड़ थे तिल के।

बन जाता सिद्धांत प्रथम फिर
  पुष्टि हुआ करती है;
बुद्धि उसी ऋण को सबसे ले
  सदा भरा करती है।

मन जब निश्चित सा कर लेता
  कोई मत है अपना;
बुद्धि दैव-बल के प्रमाण का
  सतत निरखता सपना।

पवन वही हिलकोर उठाता
  वही तरलता जल में।
वही प्रतिध्वनि अंतरतम की
  छा जाती नभ तल में।

सदा समर्थन करती उसकी
  तर्कशास्त्र की पीढ़ी;
"ठीक यही है सत्य! यही है
  उन्नति सुख की सीढ़ी।

और सत्य! यह एक शब्द तू
  कितना गहन हुआ है;
मेधा के क्रीड़ा-पंजर का
  पाला हुआ सुआ है।

कर्म

सब बातों में खोज तुम्हारी
        रट सी लगी हुई है;
किन्तु स्पर्श से तर्क करों के
        बनता 'छुई मुई' है।

असुर पुरोहित उस विप्लव से
        बच कर भटक रहे थे;
वे किलात आकुलि थे जिसने
        कष्ट अनेक सहे थे।

देख-देख कर मनु का पशु जो
        व्याकुल चंचल रहती;
उनकी आमिष लोलुप रसना
        आँखों से कुछ कहती।

'क्यों किलात! खाते - खाते तृण
        और कहाँ तक जीऊँ;
कब तक मैं देखूँ जीवित पशु
        घूँट लहू का पीऊँ!

क्या कोई इसका उपाय ही
        नहीं कि इसको खाऊँ?
बहुत दिनों पर एक बार तो
        सुख की बीन बजाऊँ?'

आकुलि ने तब कहा 'देखते
        नहीं, साथ में उसके;
एक मृदुलता की, ममता की
        छाया रहती हँस के।

अंधकार को दूर भगाती
						वह आलोक किरन सी ;
मेरी माया विंध जाती है
						जिससे हलके घन सी।

तो भी चलो आज कुछ करके
						तब मैं स्वस्थ रहूँगा ;
या जो भी आवेंगे सुख-दुख
						उनको सहज सहूँगा।'

यों ही दोनों कर विचार उस
						कुंज द्वार पर आये ;
जहाँ सोचते थे मनु बैठे
						मन से ध्यान लगाये।

"कर्म यज्ञ से जीवन के
						सपनों का स्वर्ग मिलेगा,
इसी विपिन में मानस की
						आशा का कुसुम खिलेगा।

किन्तु बनेगा कौन पुरोहित?
						अब यह प्रश्न नया है,
किस विधान से करूँ यज्ञ यह
						पथ किस ओर गया है !

श्रद्धा! पुण्य - प्राप्य है मेरी
						वह अनंत अभिलाषा,
फिर इस निर्जन में खोजे
						अब किसको मेरी आशा।"

कर्म

कहा असुर मित्रों ने अपना
        मुख गंभीर बनाये,
"जिनके लिए यज्ञ होगा हम
        उनके भेजे आये।

यज्ञ करोगे क्या तुम? फिर यह
        किसको खोज रहे हो,
अरे पुरोहित की आशा में
        कितने कष्ट सहे हो।

इस जगती के प्रतिनिधि जिनसे
        प्रकट निशीथ सबेरा,
'मित्र वरुण' जिनकी छाया है
        यह आलोक अँधेरा।

वे ही पथ दर्शक हों सब विधि
        पूरी होगी मेरी,
चलो आज फिर से वेदी पर
        हो ज्वाला की फेरी।"

"परंपरागत कर्मों की वे
        कितनी सुन्दर लड़ियाँ,
जीवन साधन की उलझी हैं
        जिसमें सुख की घड़ियाँ;

जिनमें हैं प्रेरणा मयी सी
        संचित कितनी कृतियाँ,
पुलक भरी सुख देने वाली
        बन कर मादक स्मृतियाँ।

साधारण से कुछ अतिरंजित
गति में मधुर त्वरा सी,
उत्सव लीला, निर्जनता की
जिससे कटे उदासी;

एक विशेष प्रकार कुतूहल
होगा श्रद्धा को भी।"
प्रसन्नता से नाच उठा मन
नूतनता का लोभी।

यज्ञ समाप्त हो चुका तो भी
धधक रही थी ज्वाला,
दारुण दृश्य! रुचिर के छींटे!
अस्थि खंड की माला!

वेदी की निर्मम प्रसन्नता,
पशु की कातर वाणी,
मिलकर वातावरण बना था
कोई कुत्सित प्राणी।

सोम पात्र भी भरा, धरा था
पुरोडाश भी आगे,
श्रद्धा वहाँ न थी मनु के तब
सुप्त भाव सब जागे।

"जिसका था उल्लास निरखना
वही अलग जा बैठी,
यह सब क्यों फिर? दृप्त वासना
लगी गरजने ऐंठी।

कर्म

जिसमें जीवन का संचित सुख
           सुन्दर मूर्त्त बना है!
हृदय खोल कर कैसे उसको
           कहूँ कि वह अपना है?

वही प्रसन्न नहीं? रहस्य कुछ
           इसमें सुनिहित होगा;
आज वही पशु मर कर भी क्या
           सुख में बाधक होगा?

श्रद्धा रूठ गयी तो फिर क्या
           उसे मनाना होगा,
या वह स्वयं मान जाएगी
           किस पथ जाना होगा?"

पुरोडाश के साथ सोम का
           पान लगे मनु करने,
लगे प्राण के रिक्त अंश को
           मादकता से भरने।

सन्ध्या की धूसर छाया में
           शैल शृंग की रेखा,
अंकित थी दिगंत अंबर में
           लिये मलिन शशि-लेखा।

श्रद्धा अपनी शयन गुहा में
           दुखी लौट कर आयी,
एक विरक्ति बोझ सी ढोती
           मन ही मन बिलखायी।

सूखी काष्ठ सन्धि में पतली
        अनल शिखा जलती थी,
उस धुँधले गृह में आभा से
        तामस को छलती थी।

किन्तु कभी बुझ जाती पाकर
        शीत पवन के झोंके,
कभी उसी से जल उठती तब
        कौन उसे फिर रोके।

कामायनी पड़ी थी अपना
        कोमल चर्म बिछा के;
श्रम मानो विश्राम कर रहा
        मृदु आलस को पाके।

धीरे-धीरे जगत चल रहा
        अपने उस ऋतु पथ में,
धीरे-धीरे खिलते तारे
        मृग जुतते विधु रथ में!

अंचल लटकाती निशीथिनी
        अपना ज्योत्स्ना - शाली,
जिसकी छाया में सुख पावे
        सृष्टि वेदना वाली।

उच्च शैल शिखरों पर हँसती
        प्रकृति चंचला बाला,
धवल हँसी बिखराती अपनी
        फैला मधुर उजाला।

कर्म

जीवन की उद्दाम लालसा
 उलझी जिससे व्रीड़ा,
एक तीव्र उन्माद और मन
 मथने वाली पीड़ा;

मधुर विरक्ति भरी आकुलता,
 घिरती हृदय गगन में,
अंतर्दाह स्नेह का तब भी
 होता था उस मन में।

वे असहाय नयन थे खुलते-
 मुँदते भीषणता में,
आज स्नेह का पात्र खड़ा था,
 स्पष्ट कुटिल कटुता में।

"कितना दुःख जिसे मैं चाहूँ
 वह कुछ और बना हो,
मेरा मानस - चित्र खींचना
 सुन्दर - सा सपना हो।

जाग उठी है दारुण ज्वाला
 इस अनंत मधुवन में;
कैसे बुझे कौन कह देगा
 इस नीरव निर्जन में ?

यह अनंत अवकाश नीड़ सा
 जिसका व्यथित बसेरा;
वही वेदना सजग पलक में
 भर कर अलस सबेरा।

काँप रहे हैं चरण पवन के,
विस्तृत नीरवता सी,
घुली जा रही है दिशि-दिशि की
नभ में मलिन उदासी।

अंतरतम की प्यास, विकलता से
लिपटी बढ़ती है,
युग-युग की असफलता का
अवलंबन ले चढ़ती है।

विश्व विपुल आतंक-त्रस्त है
अपने ताप विषम से,
फैल रही है घनी नीलिमा
अंतर्दाह परम से।

उद्वेलित है उदधि, लहरियाँ
लोट रहीं व्याकुल सी.
चक्रवाल की धुँधली रेखा
मानो जाती झुलसी।

सघन धूम कुण्डल में कैसी
नाच रही यह ज्वाला!
तिमिर फणी पहने है मानो
अपने मणि की माला!

जगतीतल का सारा क्रंदन
यह विषमयी विषमता,
चुभने वाला अंतरंग छल
अति दारुण निर्ममता।

जीवन के वे निष्ठुर दंशन
जिनकी आतुर पीड़ा,
कलुष चक्र सी नाच रही है
बन आँखों की क्रीड़ा।

स्खलन चेतना के कौशल का
भूल जिसे कहते हैं,
एक विन्दु, जिसमें विषाद के
नद उमड़े रहते हैं।

आह वही अपराध, जगत की
दुर्बलता की माया,
धरणी की वर्जित मादकता,
संचित तम की छाया।

नील गरल से भरा हुआ
यह चंद्र कपाल लिये हो,
इन्हीं निमीलित ताराओं में
कितनी शांति पिये हो।

अखिल विश्व का विष पीते हो
सृष्टि जियेगी फिर से,
कहो अमर शीतलता इतनी
आती तुम्हें किधर से?

अचल अनन्त नील लहरों पर
बैठे आसन मारे,
देव! कौन तुम झरते तन से
श्रमकण से ये तारे!

इन चरणों में कर्म - कुसुम की
  अंजलि वे दे सकते,
चले आ रहे छायापथ में
  लोक पथिक जो थकते?

किन्तु कहाँ वह दुर्लभ उनको
  स्वीकृति मिली तुम्हारी!
लौटाये जाते वे असफल
  जैसे नित्य भिखारी।

प्रखर विनाशशील नर्त्तन में
  विपुल विश्व की माया,
क्षण - क्षण होती प्रकट नवीना
  बन कर उसकी काया।

सदा पूर्णता पाने को सब
  भूल किया करते क्या?
जीवन में यौवन लाने को
  जी जीकर मरते क्या?

यह व्यापार महागतिशाली
  कहीं नहीं बसता क्या?
क्षणिक विनाशों में स्थिर मंगल
  चुपके से हँसता क्या?

यह विराग सम्बन्ध हृदय का
  कैसी यह मानवता!
प्राणी को प्राणी के प्रति बस
  बची रही निर्ममता!

कर्म

जीवन का सन्तोष अन्य का
 रोदन बन हँसता क्यों?
एक एक विश्राम प्रगति को
 परिकर सा कसता क्यों?

दुर्व्यवहार एक का कैसे
 अन्य भूल जावेगा,
कौन उपाय! गरल को कैसे
 अमृत बना पावेगा!"

जाग उठी थी तरल वासना
 मिली रही मादकता,
मनु को कौन वहाँ आने से
 भला रोक अब सकता!

खुले मसृण भुज-मूलों से
 वह आमंत्रण था मिलता,
उन्नत वक्षों में आलिंगन
 सुख लहरों सा तिरता।

नीचा हो उठता जो धीमे
 धीमे निश्वासों में,
जीवन का ज्यों ज्वार उठ रहा
 हिमकर के हासों में।

जागृत था सौंदर्य यदपि वह
 सोती थी सुकुमारी,
रूप चंद्रिका में उज्ज्वल थी
 आज निशा सी नारी।

वे मांसल परमाणु किरण से
          विद्युत थे बिखराते,
अलकों की डोरी में जीवन
          कण-कण उलझे जाते।

विगत विचारों के श्रम - सीकर
          बने हुए थे मोती,
मुख मंडल पर करुण कल्पना
          उनको रही पिरोती।

छूते थे मनु और कंटकित
          होती थी वह बेली,
स्वस्थ व्यथा की लहरों सी
          जो अंगलता थी फैली।

वह पागल सुख जगती का
          आज विराट बना था,
अंधकार मिश्रित प्रकाश का
          एक वितान तना था।

कामायनी जगी थी कुछ-कुछ
          खोकर सब चेतनता,
मनोभाव आकार स्वयं ही
          रहा बिगड़ता बनता।

जिसके हृदय सदा समीप है
          वही दूर जाता है,
और क्रोध होता उस पर ही
          जिससे कुछ नाता है।

कर्म

प्रिय को ठुकरा कर भी मन की
   माया उलझा लेती,
प्रणय - शिला प्रत्यावर्त्तन में
   उसको लौटा देती।

जलदागम मारुत से कम्पित
   पल्लव सदृश हथेली,
श्रद्धा की, धीरे से मनु ने
   अपने कर में ले ली।

अनुनय वाणी में, आँखों में
   उपालंभ की छाया,
कहने लगे "अरे यह कैसी
   मानवती की माया!

स्वर्ग बनाया है जो मैंने
   उसे न विफल बनाओ,
अरी अप्सरे! उस अतीत के
   नूतन गान सुनाओ।

इस निर्जन में ज्योत्स्ना पुलकित
   विधुयुत नभ के नीचे,
केवल हम तुम और कौन है?
   रहो न आँखें मीचे।

आकर्षण से भरा विश्व यह
   केवल भोग्य हमारा,
जीवन के दोनों कूलों में
   बहे वासना धारा।

श्रम की, इस अभाव की जगती
        उसकी सब आकुलता,
जिस क्षण भूल सकें हम अपनी
        यह भीषण चेतनता।

वही स्वर्ग की बन अनंतता
        मुसक्याता रहता है,
दो बूँदों में जीवन का रस
        लो बरबस बहता है।

देवों को अर्पित मधु मिश्रित
        सोम अधर से छू लो,
मादकता दोला पर प्रेयसि!
        आओ मिलकर झूलो।"

श्रद्धा जाग रही थी तब भी
        छाई थी मादकता,
मधुर भाव उसके तन मन में
        अपना ही रस छकता।

बोली एक सहज मुद्रा से
        "यह तुम क्या कहते हो,
आज अभी तो किसी भाव की
        धारा में बहते हो।

कल ही यदि परिवर्त्तन होगा
        तो फिर कौन बचेगा,
क्या जाने कोई साथी बन
        नूतन यज्ञ रचेगा!

और किसी की फिर बलि होगी
     किसी देव के नाते,
कितना धोखा! उससे तो हम
     अपना ही सुख पाते।

ये प्राणी जो बचे हुए हैं
     इस अचला जगती के,
उनके कुछ अधिकार नहीं
     क्या वे सब ही हैं फीके!

मनु! क्या यही तुम्हारी होगी
     उज्ज्वल नव मानवता?
जिसमें सब कुछ ले लेना हो
     हंत! बची क्या शवता!"

"तुच्छ नहीं है अपना सुख भी
     श्रद्धे! वह भी कुछ है,
दो दिन के इस जीवन का तो
     वही चरम सब कुछ है।

इंद्रिय की अभिलाषा जितनी
     सतत सफलता पावे,
जहाँ हृदय की तृप्ति विलासिनि
     मधुर-मधुर कुछ गावे।

रोम हर्ष हो उस ज्योत्स्ना में
     मृदु मुसक्यान खिले तो,
आशाओं पर श्वास निछावर
     होकर गले मिले तो।

विश्व माधुरी जिसके सम्मुख
        मुकुर बनी रहती हो,
वह अपना सुख स्वर्ग नहीं है!
        यह तुम क्या कहती हो?

जिसे खोजता फिरता मैं इस
        हिमगिरि के अंचल में,
वही अभाव स्वर्ग बन हँसता
        इस जीवन चंचल में।

वर्त्तमान जीवन के सुख से
        योग जहाँ होता है,
छली अदृष्ट अभाव बना क्यों
        वहीं प्रकट होता है।

किन्तु सकल कृतियों की
        अपनी सीमा हैं हम ही तो,
पूरी हो कामना हमारी,
        विफल प्रयास नहीं तो!"

एक सचेतनता लाती सी
        सविनय श्रद्धा बोली,
"बचा जान यह भाव, सृष्टि ने
        फिर से आँखें खोलीं!

भेद बुद्धि निर्मम ममता की
        समझ, बची ही होगी,
प्रलय पयोनिधि की लहरें भी
        लौट गयी ही होंगी।

अपने में सब कुछ भर कैसे
    व्यक्ति विकास करेगा ?
यह एकांत स्वार्थ भीषण है
    अपना नाश करेगा !

औरों को हँसते देखो मनु
    हँसो और सुख पाओ,
अपने सुख को विस्तृत कर लो
    सब को सुखी बनाओ।

रचना मूलक सृष्टि यज्ञ यह
    यज्ञ - पुरुष का जो है,
संसृति सेवा भाग हमारा
    उसे विकसने को है।

सुख को सीमित कर अपने में
    केवल दुख छोड़ोगे,
इतर प्राणियों की पीड़ा लख
    अपना मुँह मोड़ोगे।

ये मुद्रित कलियाँ दल में सब
    सौरभ बन्दी कर लें,
सरस न हों मकरंद बिंदु से
    खुल कर तो ये भर लें।

सूखें, झड़ें और तब कुचले
    सौरभ को पाओगे,
फिर आमोद कहाँ से मधुमय
    वसुधा पर लाओगे !

सुख अपने संतोष के लिए
           संग्रह मूल नहीं है,
उसमें एक प्रदर्शन जिसको
           देखें अन्य, वही है।

निर्जन में क्या एक अकेले
           तुम्हें प्रमोद मिलेगा?
नहीं इसी से अन्य हृदय का
           कोई सुमन खिलेगा।

सुख समीर पाकर, चाहे हो
           वह एकांत तुम्हारा,
बढ़ती है सीमा संसृति की
           बन मानवता धारा।"

हृदय हो रहा था उत्तेजित
           बातें कहते कहते,
श्रद्धा के थे अधर सूखते
           मन की ज्वाला सहते।

उधर सोम का पात्र लिये मनु
           समय देखकर बोलो—
"श्रद्धे! पी लो इसे बुद्धि के
           बन्धन को जो खोले।

वही करूँगा जो कहती हो
           सत्य, अकेला सुख क्या!"
यह मनुहार! रुकेगा प्याला
           पीने से फिर मुख क्या?

कर्म

आँखें प्रिय आँखों में, डूबे
   अरुण अधर थे रस में ;
हृदय काल्पनिक विजय में सुखी
   चेतनता नस नस में।

छल वाणी की वह प्रवंचना
   हृदयों की शिशुता को ,
खेल खिलाती, भुलवाती जो
   उस निर्मल विभुता को।

जीवन का उद्देश्य लक्ष्य की
   प्रगति दिशा को पल में ,
अपने एक मधुर इंगित से
   बदल सके जो छल में।

वही शक्ति अवलंब मनोहर
   निज मनु को थी देती ,
जो अपने अभिनय से मन को
   सुख में उलझा लेती।

"श्रद्धे, होगी चन्द्रशालिनी
   यह भव रजनी भीमा ,
तुम बन जाओ इस जीवन के
   मेरे सुख की सीमा।

लज्जा का आवरण प्राण को
   ढँक लेता है तम से ,
उसे अकिंचन कर देता है
   अलगाता 'हम तुम' से।

कुचल उठा आनन्द, यही है
 बाधा, दूर हटाओ,
अपने ही अनुकूल सुखों को
 मिलने दो मिल जाओ।"

और एक फिर व्याकुल चुम्बन
 रक्त खौलता जिससे,
शीतल प्राण धधक उठता है
 तृषा तृप्ति के मिस से।

दो काठों की संधि बीच उस
 निभृत गुफा में अपने,
अग्नि शिखा बुझ गई, जागने
 पर जैसे सुख सपने।

◻◻◻

ईर्ष्या

पल भर की उस चंचलता ने
            खो दिया हृदय का स्वाधिकार!
श्रद्धा की अब वह मधुर निशा
            फैलाती निष्फल अंधकार!

मनु को अब मृगया छोड़ नहीं
            रह गया और था अधिक काम;
लग गया रक्त था उस मुख में
            हिंसा - सुख लाली से ललाम।

हिंसा ही नहीं और भी कुछ
            वह खोज रहा था मन अधीर;
अपने प्रभुत्व की सुख सीमा
            जो बढ़ती हो अवसाद चीर।

जो कुछ मनु के करतलगत था
            उसमें न रहा कुछ भी नवीन;
श्रद्धा का सरल विनोद नहीं
            रुचता अब था बन रहा दीन।

उठती अंतस्तल से सदैव
            दुर्ललित लालसा जो कि कांत;
वह इन्द्रचाप सी झिलमिल हो
            दब जाती अपने आप शांत।

"निज उद्गम का मुख बंद किये
        कब तक सोयेंगे अलस प्राण ;
जीवन की चिर चंचल पुकार
        रोये कब तक, है कहाँ त्राण !

श्रद्धा का प्रणय और उसकी
        आरम्भिक सीधी अभिव्यक्ति;
जिसमें व्याकुल आलिंगन का
        अस्तित्व न तो है कुशल सूक्ति।

भावनामयी वह स्फूर्ति नहीं
        नव-नव स्मित रेखा में विलीन;
अनुरोध न तो उल्लास, नहीं
        कुसुमोद्गम सा कुछ भी नवीन !

आती है वाणी में न कभी
        वह चाव भरी लीला हिलोर ,
जिसमें नूतनता नृत्यमयी
        इठलाती हो चंचल मरोर।

जब देखो बैठी हुई वहीं
        शालियाँ बीन कर नहीं श्रांत !
या अन्न इकट्ठे करती है
        होती न तनिक सी कभी क्लांत

बीजों का संग्रह और उधर
        चलती है तकली भरी गीत ;
सब कुछ लेकर बैठी है वह
        मेरा अस्तित्व हुआ अतीत!"

दिखलाई पड़ता गुफा द्वार ;
पर और न आगे बढ़ने की
    इच्छा होती, करते विचार!

मृग डाल दिया, फिर धनु को भी
    मनु बैठ गये शिथिलित शरीर,
बिखरे थे सब उपकरण वहीं
    आयुध, प्रत्यंचा, शृंग, तीर।

"पश्चिम की रागमयी संध्या
    अब काली है हो चली, किन्तु
अब तक आये न अहेरी वे
    क्या दूर ले गया चपल जंतु!"

यों सोच रही मन में अपने
    हाथों में तकली रही धूम;
श्रद्धा कुछ-कुछ अनमनी चली
    अलकें लेती थीं गुल्फ चूम।

केतकी गर्भ सा पीला मुँह
    आँखों में आलस भरा स्नेह;
कुछ कृशता नई लजीली थी
    कंपित लतिका सी लिये देह!

मातृत्व बोझ से झुके हुए
    बँध रहे पयोधर पीन आज;
कोमल काले ऊनों की नव
    पट्टिका बनाती रुचिर साज।

सोने की सिकता में मानो
          कालिंदी बहती भर उसास;
स्वर्गंगा में इंदीवर की
          या एक पंक्ति कर रही हास!

कटि में लिपटा था नवल बसन
          वैसा ही हलका बुना नील।
दुर्भर थी गर्भ मधुर पीड़ा
          झेलती जिसे जननी सलील।

श्रम बिंदु बना सा झलक रहा
          भावी जननी का सरस गर्व,
बन कुसुम बिखरते थे भू पर
          आया समीप था महा पर्व।

मनु ने देखा जब श्रद्धा का
          वह सहज खेद से भरा रूप,
अपनी इच्छा का दृढ़ विरोध
          जिसमें वे भाव नहीं अनूप।

वे कुछ भी बोले नहीं; रहे
          चुपचाप देखते साधिकार,
श्रद्धा कुछ-कुछ मुस्कुरा उठी
          ज्यों जान गई उनका विचार।

"दिन भर थे कहाँ भटकते तुम"
          बोली श्रद्धा भर मधुर स्नेह;
"यह हिंसा इतनी है प्यारी
          जो भुलवाती है देह - गेह!

ईर्ष्या

मैं यहाँ अकेली देख रही
                पथ, सुनती सी पद ध्वनि नितांत ;
कानन में जब तुम दौड़ रहे
                मृग के पीछे बन कर अशांत !

ढल गया दिवस पीला-पीला
                तुम रक्तारुण बन रहे धूम ;
देखो नीड़ों में विहग युगल
                अपने शिशुओं को रहे चूम !

उनके घर में कोलाहल है
                मेरा सूना है गुफा द्वार !
तुमको क्या ऐसी कमी रही
                जिसके हित जाते अन्य द्वार?"

"श्रद्धे! तुमको कुछ कमी नहीं
                पर मैं तो देख रहा अभाव ;
भूली सी कोई मधुर वस्तु
                जैसे कर देती विकल घाव।

चिर मुक्त पुरुष वह कब इतने
                अवरुद्ध श्वास लेगा निरीह !
गति हीन पंगु सा पड़ा-पड़ा
                ढह कर जैसे बन रहा डीह।

जब जड़ बंधन सा एक मोह
                कसता प्राणों का मृदु शरीर ;
आकुलता और जकड़ने की
                तब ग्रंथि तोड़ती हो अधीर।

हँस कर बोले, बोलते हुए
            निकले मधु निर्झर ललित गान;
गानों में हो उल्लास भरा
            झूमें जिसमें बन मधुर प्रान।

वह आकुलता अब कहाँ रही
            जिसमें सब कुछ ही जाय भूल;
आशा के कोमल तंतु सदृश
            तुम तकली में हो रही झूल।

यह क्यों क्या मिलते नहीं तुम्हें
            शावक के सुन्दर मृदुल चर्म?
तुम बीज बीनती क्यों? मेरा
            मृगया का शिथिल हुआ न कर्म।

तिस पर यह पीलापन कैसा
            यह क्यों बुनने का श्रम सखेद?
यह किसके लिए बताओ तो
            क्या इसमें है छिप रहा भेद?"

"अपनी रक्षा करने में जो
            चल जाय तुम्हारा कहीं अस्त्र;
वह तो कुछ समझ सकी हूँ मैं
            हिंसक से रक्षा करे शस्त्र।

पर जो निरीह जीकर भी कुछ
            उपकारी होने में समर्थ;
वे क्यों न जियें, उपयोगी बन
            इसका मैं समझ सकी न अर्थ !

ईर्ष्या

चमड़े उनके आवरण रहें
    ऊनों से मेरा चले काम ;
वे जीवित हों मांसल बन कर
    हम अमृत दुहें, वे दुग्ध धाम।

वे द्रोह न करने के स्थल हैं
    जो पाले जा सकते सहेतु ;
पशु से यदि हम कुछ ऊँचे हैं
    तो भव जलनिधि में बनें सेतु।"

"मैं यह तो मान नहीं सकता
    सुख सहज लब्ध यों छूट जायँ ;
जीवन का जो संघर्ष चले
    वह विफल रहे हम छले जायँ।

काली आँखों की तारा में,
    मैं देखूँ अपना चित्र धन्य ;
मेरा मानस का मुकुर रहे,
    प्रतिबिम्बित तुमसे ही अनन्य।

श्रद्धे! यह नव संकल्प नहीं—
    चलने का लघु जीवन अमोल ;
मैं उसको निश्चय भोग चलूँ
    जो सुख चलदल सा रहा डोल !

देखा क्या तुमने कभी नहीं
    स्वर्गीय सुखों पर प्रलय - नृत्य?
फिर नाश और चिर निद्रा है
    तब इतना क्यों विश्वास सत्य?

यह चिर प्रशांत मंगल की क्यों
अभिलाषा इतनी रही जाग?
यह संचित क्यों हो रहा स्नेह
किस पर इतनी हो सानुराग?

यह जीवन का वरदान, मुझे
दे दो रानी अपना दुलार!
केवल मेरी ही चिंता का
तब चित्त वहन कर रहे भार।

मेरा सुन्दर विश्राम बना
सृजता हो मधुमय विश्व एक;
जिसमें बहती हो मधु धारा
लहरें उठती हों एक - एक।"

"मैंने जो एक बनाया है
चल कर देखो मेरा कुटीर;"
यों कह कर श्रद्धा हाथ पकड़
मनु को ले चली वहीं अधीर।

उस गुफा समीप पुआलों की
छाजन छोटी सी शांति-पुंज;
कोमल लतिकाओं की डालें
मिल सघन बनातीं जहाँ कुंज।

थे वातायन भी कटे हुए
प्राचीर पर्णमय रचित शुभ्र;
आवें क्षण भर तो चले जायँ
रुक जायँ कहीं न समीर, अभ्र।

ईर्ष्या

उसमें था झूला पड़ा हुआ
    वेतसी लता का सुरुचिपूर्ण;
बिछ रहा धरातल पर चिकना
    सुमनों का कोमल सुरभि चूर्ण।

कितनी मीठी अभिलाषाएँ
    उसमें चुपके से रहीं घूम !
कितने मंगल के मधुर गान
    उसके कोनों को रहे चूम !

मनु देख रहे थे चकित नया
    यह गृह-लक्ष्मी का गृह-विधान!
पर कुछ अच्छा सा नहीं लगा
    'यह क्यों ? किसका सुख साभिमान ?'

चुप थे पर श्रद्धा ही बोली
    "देखो यह तो बन गया नीड़;
पर इसमें कलरव करने को
    आकुल न हो रही अभी भीड़।

तुम दूर चले जाते हो जब
    तब लेकर तकली यहाँ बैठ;
मैं उसे फिराती रहती हूँ
    अपनी निर्जनता बीच पैठ।

मैं बैठी गाती हूँ तकली के
    प्रतिवर्त्तन में स्वर विभोर—
चल री तकली धीरे-धीरे
    प्रिय गये खेलने को अहेर।

जीवन का कोमल तंतु बढ़े
            तेरी ही मंजुलता समान;
चिर नग्न प्राण उनमें लिपटें
            सुन्दरता का कुछ बढ़े मान।

किरनों सी तू बुन दे उज्ज्वल
            मेरे मधु जीवन का प्रभात;
जिसमें निर्वसना प्रकृति सरल
            ढँक ले प्रकाश से नवल गात।

वासना भरी उन आँखों पर
            आवरण डाल दे कांतिमान;
जिसमें सौंदर्य निखर आवे
            लतिका में फुल्ल कुसुम समान।

अब वह आगन्तुक गुफा बीच
            पशु सा न रहे निर्वसन नग्न;
अपने अभाव की जड़ता में
            वह रह न सकेगा कभी मग्न।

सूना न रहेगा यह मेरा
            लघु विश्व कभी जब रहोगे न;
मैं उसके लिए बिछाऊँगी
            फूलों के रस का मृदुल फेन।

झूले पर उसे झुलाऊँगी
            दुलरा कर लूँगी वदन चूम;
मेरी छाती से लिपटा इस
            घाटी में लेगा सहज घूम।

ईर्ष्या

वह आवेगा मृदु मलयज सा
        लहराता अपने मसृण बाल;
उसके अधरों से फैलेगा
        नवमधुमय स्मिति-लतिका-प्रवाल।

अपनी मीठी रसना से वह
        बोलेगा ऐसे मधुर बोल;
मेरी पीड़ा पर छिड़केगा
        जो कुसुम धूलि मकरंद घोल।

मेरी आँखों का सब पानी
        तब बन जायेगा अमृत स्निग्ध;
उन निर्विकार नयनों में जब
        देखूँगी अपना चित्र मुग्ध!"

"तुम फूल उठोगी लतिका सी
        कम्पित कर सुख सौरभ तरंग;
मैं सुरभि खोजता भटकूँगा
        वन-वन बन कस्तूरी कुरंग।

यह जलन नहीं सह सकता मैं
        चाहिए मुझे मेरा ममत्व;
इस पंचभूत की रचना में
        मैं रमण करूँ बन एक तत्व।

यह द्वैत, अरे यह द्विविधा तो
        है प्रेम बाँटने का प्रकार!
भिक्षुक मैं? ना, यह कभी नहीं
        मैं लौटा लूँगा निज विचार।

तुम दानशीलता से अपनी
बन सजल जलद वितरो न विंदु ;
इस सुख नभ में मैं विचरूँगा
बन सकल कलाधर शरद इंदु।

भूले से कभी निहारोगी
कर आकर्षणमय हास एक ;
मायाविनि! मैं न उसे लूँगा
वरदान समझ कर, जानु टेक!

इस दीन अनुग्रह का मुझ पर
तुम बोझ डालने में समर्थ ;
अपने को मत समझो श्रद्धे!
होगा प्रयास यह सदा व्यर्थ।

तुम अपने सुख से सुखी रहो
मुझको दुख पाने दो स्वतंत्र ;
'मन की परवशता महा दुःख'
मैं यही जपूँगा महामन्त्र!

लो चला आज मैं छोड़ यहीं
संचित संवेदन भार पुंज ;
मुझको काँटे ही मिलें धन्य!
हो सफल तुम्हें ही कुसुम कुंज।"

कह, ज्वलनशील अंतर लेकर
मनु चले गये, था शून्य प्रांत ;
"रुक जा, सुन ले ओ निर्मोही।"
वह कहती रही अधीर श्रांत।

इड़ा

"किस गहन गुहा से अति अधीर
झंझा प्रवाह सा निकला यह जीवन विक्षुब्ध महा समीर
ले साथ विकल परमाणु पुंज नभ, अनिल, अनल, क्षिति और नीर
भयभीत सभी को भय देता भय की उपासना में विलीन
प्राणी कटुता को बाँट रहा जगती को करता अधिक दीन
निर्माण और प्रतिपद विनाश में दिखलाता अपनी क्षमता
संघर्ष कर रहा सा सब से, सब से विराग सब पर ममता
अस्तित्व चिरंतन धनु से कब यह छूट पड़ा है विषम तीर
किस लक्ष्य-भेद को शून्य चीर?"

"देखे मैंने वे शैल शृंग
जो अचल हिमानी से रंजित, उन्मुक्त, उपेक्षा भरे तुंग
अपने जड़ गौरव के प्रतीक वसुधा का कर अभिमान भंग
अपनी समाधि में रहे सुखी बह जाती हैं नदियाँ अबोध
कुछ स्वेद विंदु उसके लेकर वह स्तिमित नयन गत शोक क्रोध
स्थिर मुक्ति, प्रतिष्ठा मैं वैसी चाहता नहीं इस जीवन की
मैं तो अबाध गति मरुत सदृश, हूँ चाह रहा अपने मन की
जो चूम चला जाता अग जग प्रति पग में कम्पन की तरंग
—वह ज्वलन शील गतिमय पतंग।

अपनी ज्वाला से कर प्रकाश
जब छोड़ चला आया सुन्दर प्रारंभिक जीवन का निवास
वन, गुहा, कुंज, मरु अंचल में हूँ खोज रहा अपना विकास
पागल मैं, किस पर सदय रहा? क्या मैंने ममता ली न तोड़!
किस पर उदारता से रीझा? किससे न लगा दी कड़ी होड़!
इस विजन प्रांत में विलख रही मेरी पुकार उत्तर न मिला
लू सा झुलसाता दौड़ रहा कब मुझसे कोई फूल खिला
मैं स्वप्न देखता हूँ उजड़ा कल्पना लोक में कर निवास
देखा कब मैंने कुसुम हास।

इस दुखमय जीवन का प्रकाश
नभ नील लता की डालों में उलझा अपने सुख से हताश
कलियाँ जिनको मैं समझ रहा वे काँटे बिखरे आस पास
कितना बीहड़ पथ चला और पड़ रहा कहीं थक कर नितांत
उन्मुक्त शिखर हँसते मुझ पर रोता मैं निर्वासित अशांत
इस नियति नटी के अति भीषण अभिनय की छाया नाच रही
खोखली शून्यता में प्रतिपद असफलता अधिक कुलाँच रही
पावस रजनी में जुगुनू गण को दौड़ पकड़ता मैं निराश
उन ज्योति कणों का कर विनाश!

जीवन निशीथ के अंधकार!
तू नील तुहिन जल-निधि बन कर फैला है कितना वार पार
कितनी चेतनता की किरनें हैं डूब रहीं ये निर्विकार
कितना मादक तम, निखिल भुवन भर रहा भूमिका में अभंग
तू मूर्तिमान हो छिप जाता प्रतिफल के परिवर्त्तन अनंग
ममता की क्षीण अरुण रेखा खिलती है तुझमें ज्योति कला
जैसे सुहागिनी की ऊर्मिल अलकों में कुंकुमचूर्ण भला
रे चिरनिवास विश्राम प्राण के मोह जलद छाया उदार
माया रानी के केशभार!

जीवन निशीथ के अंधकार!
तू घूम रहा अभिलाषा के नव ज्वलन धूम सा दुनिवार
जिसमें अपूर्ण लालसा, कसक, चिनगारी सी उठती पुकार
यौवन मधुवन की कालिंदी बह रही चूम कर सब दिगन्त
मन शिशु की क्रीड़ा नौकाएँ बस दौड़ लगाती हैं अनंत
कुहकिनि अपलक दृग के अंजन! हँसती तुझमें सुन्दर छलना
धूमिल रेखाओं से सजीव चंचल चित्रों की नव-कलना
इस चिर प्रवास श्यामल पथ में छाई पिक प्राणों की पुकार
बन नील प्रतिध्वनि नभ अपार।

यह उजड़ा सूना नगर-प्रांत
जिसमें सुख-दुख की परिभाषा विध्वस्त शिल्प सी हो नितांत
निज विकृत वक्र रेखाओं से, प्राणी का भाग्य बनी अशांत
कितनी सुखमय स्मृतियाँ, अपूर्ण रुचि बन कर मँडराती विकीर्ण
इन ढेरों में दुखभरी कुरुचि दब रही अभी बन पत्र जीर्ण
आती दुलार को हिचकी सी सूने कोनों में कसक भरी
इस सूखे तरु पर मनोवृत्ति आकाश-बेलि सी रही हरी
जीवन समाधि के खँडहर पर जो जल उठते दीपक अशांत
फिर बुझ जाते वे स्वयं शांत।

यों सोच रहे मनु पड़े श्रांत
श्रद्धा का सुख साधन निवास जब छोड़ चले आये प्रशांत
पथ-पथ में भटक अटकते वे आये इस ऊजड़ नगर प्रांत
बहती सरस्वती वेग भरी निस्तब्ध हो रही निशा श्याम
नक्षत्र निरखते निर्मिमेष वसुधा की वह गति विकल वाम
वृत्रघ्नी का वह जनाकीर्ण उपकूल आज कितना सूना
देवेश दंद्र की विजय कथा की स्मृति देती थी दुख दूना
वह पावन सारस्वत प्रदेश दुःस्वप्न देखता पड़ा क्लांत
फैला था चारों ओर ध्वांत।

"जीवन का लेकर नव विचार
जब चला द्वंद्व था असुरों में प्राणों की पूजा का प्रचार
उस ओर आत्मविश्वास निरत सुर वर्ग कह रहा था पुकार—
"मैं स्वयं सतत आराध्य आत्म मंगल उपासना में विभोर
उल्लासशील मैं शक्ति केन्द्र, किसकी खोजूँ फिर शरण और
आनंद उच्छलित शक्ति स्रोत जीवन विकास वैचित्र्य भरा
अपना नव नव निर्माण किये रखता यह विश्व सदैव हरा"
प्राणों के सुख साधन में ही, संलग्न असुर करते सुधार
नियमों में बँधते दुर्निवार।

था एक पूजता देह दीन
दूसरा अपूर्ण अहंता में अपने को समझ रहा प्रवीण
दोनों का हठ था दुर्निवार, दोनों ही थे विश्वास हीन
फिर क्यों न तर्क को शस्त्रों से वे सिद्ध करें—क्यों हो न युद्ध उनका
संघर्ष चला अशांत वे भाव रहे अब तक विरुद्ध
मुझमें ममत्व मय आत्म मोह स्वातंत्र्य मयी उच्छृंखलता
हो प्रलय भीत तन रक्षा में पूजन करने की व्याकुलता
वह पूर्व द्वंद्व परिवर्तित हो मुझको बना रहा अधिक दीन
सचमुच मैं हूँ श्रद्धा विहीन।"

"मनु! तुम श्रद्धा को गये भूल
उस पूर्ण आत्म विश्वसमयी को उड़ा दिया था समझ तूल
तुमने तो समझा असत विश्व जीवन धागे में रहा झूल
जो क्षण बीतें सुख साधन में उनको ही वास्तव लिया मान
वासना तृप्ति ही स्वर्ग बनी, यह उलटी मति का व्यर्थ ज्ञान
तुम भूल गये पुरुषत्व मोह में कुछ सत्ता है नारी की
समरसता है संबंध बनी अधिकार और अधिकारी की।"
जब गूँजी यह वाणी तीखी कम्पित करती अम्बर अकूल
मनु को जैसे चुभ गया शूल।

"यह कौन? अरे फिर वही काम!
जिसने इस भ्रम में है डाला छीना जीवन का सुख विराम?
प्रत्यक्ष लगा होने अतीत जिन घड़ियों का अब शेष नाम
वरदान आज उस गत युग का कम्पित करता है अंतरंग
अभिशाप ताप की ज्वाला से जल रहा आज मन और अंग।"
बोले मनु "क्या मैं भ्रान्त साधना में ही अब तक लगा रहा
क्या तुमने श्रद्धा को पाने के लिए नहीं सस्नेह कहा?
पाया तो, उसने भी मुझको दे दिया हृदय निज अमृत धाम
फिर क्यों न हुआ मैं पूर्णकाम?"

"मनु! उसने तो कर दिया दान
वह हृदय प्रणय से पूर्ण सरल जिसमें जीवन का भरा मान
जिसमें चेतनता ही केवल निज शान्त प्रभा से ज्योतिमान
पर तुमने तो पाया सदैव उसकी सुन्दर जड़ देह मात्र
सौन्दर्य जलधि से भर लाये केवल तुम अपना गरल पात्र
तुम अति अबोध, अपनी अपूर्णता को न स्वयं तुम समझ सके
परिणय जिसको पूरा करता उससे तुम अपने आप रुके
'कुछ मेरा हो' यह राग भाव संकुचित पूर्णता है अजान
मानस जलनिधि का क्षुद्र यान।

हाँ अब तुम बनने को स्वतंत्र
सब कलुष ढाल कर औरों पर रखते हो अपना अलग तंत्र
द्वंद्वों का उद्गम तो सदैव शाश्वत रहता वह एक मंत्र
डाली में कंटक संग कुसुम खिलते मिलते भी हैं नवीन
अपनी रुचि से तुम बिंधे हुए जिसको चाहे ले रहे बीन
तुमने तो प्राणमयी ज्वाला का प्रणय प्रकाश न ग्रहण किया
हाँ जलन वासना को जीवन भ्रम तम में पहला स्थान दिया
अब विकल प्रवर्त्तन हो ऐसा जो नियति चक्र का वने यंत्र
हो शाप भरा तव प्रजातंत्र।

यह अभिनव मानव प्रजा सृष्टि
द्वयता में लगी निरंतर ही वर्णों की करती रहे वृष्टि
अनजान समस्याएँ गढ़ती रचती हो अपनी ही विनष्टि
कोलाहल कलह अनंत चले, एकता नष्ट हो, बढ़े भेद
अभिलषित वस्तु तो दूर रहे, हाँ मिले अनिच्छित दुखद खेद
हृदयों का हो आवरण सदा अपने वक्षस्थल की जड़ता
पहचान सकेंगे नहीं परस्पर चले विश्व गिरता पड़ता
तब कुछ भी यदि पास भरा पर दूर रहेगी सदा तुष्टि
दुख देगी यह संकुचित दृष्टि।

अनवरत उठे कितनी उमंग
चुम्बित हों आँसू जलधर से अभिलाषाओं के शैल शृंग
जीवन नद हाहाकार भरा हो उठती पीड़ा की तरंग
लालसा भरे यौवन के दिन पतझड़ से सूखे जायँ बीत
संदेह नये उत्पन्न रहें उनसे संतप्त सदा सभीत
फैलेगा स्वजनों का विरोध बन कर तम वाली श्याम अमा
दारिद्रय दलित बिलखाती हो यह शस्य श्यामला प्रकृति रमा
दुख नीरद में बन इंद्रधनुष बदले नर कितने नये रंग
बन तृष्णा ज्वाला का पतंग।

वह प्रेम न रह जाये पुनीत
अपने स्वार्थों से आवृत हो मंगल रहस्य सकुचे सभीत
सारी संसृति हो विरह भरी, गाते ही बीतें करुण गीत
आकांक्षा जलनिधि की सीमा हो क्षितिज निराशा सदा रक्त
तुम राग विराग करो सबसे अपने को कर शतशः विभक्त
मस्तिष्क हृदय के हो विरुद्ध, दोनों में हो सद्भाव नहीं
वह चलने को जब कहे कहीं तब हृदय चल जाय कहीं
रोकर बीतें सब वर्त्तमान क्षण सुन्दर सपना हो अतीत
पेंगों में झूले हार-जीत।

संकुचित असीम अमोघ शक्ति
जीवन को बाधा मय पथ पर ले चले भेद से भरी भक्ति
या कभी अपूर्ण अहंता में हो राग मयी सी महाशक्ति
व्यापकता नियति प्रेरणा बन अपनी सीमा में रहे बंद
सर्वज्ञ ज्ञान का क्षुद्र अंश विद्या बन कर कुछ रचे छंद
कर्तृत्व सकल बन कर आवे नश्वर छाया सी ललित कला
नित्यता विभाजित हो पल-पल में काल निरंतर चले ढला
तुम समझ न सको, बुराई से शुभ इच्छा की है बड़ी शक्ति
हो विफल तर्क से भरी युक्ति।

जीवन सारा बन जाय युद्ध
उस रक्त अग्नि की वर्षा में बह जायँ सभी जो भाव शुद्ध
अपनी शंकाओं से व्याकुल तुम अपने ही होकर विरुद्ध
अपने को आवृत किये रहो दिखलाओ निज कृत्रिम स्वरूप
वसुधा के समतल पर उन्नत चलता फिरता हो दंभ स्तूप
श्रद्धा इस संसृति की रहस्य व्यापक विशुद्ध विश्वास मयी
सब कुछ देकर नव निधि अपनी तुमसे ही तो वह छली गयी
हो वर्त्तमान से वंचित तुम अपने भविष्य में रहो रुद्ध
सारा प्रपंच ही हो अशुद्ध।

तुम जरा मरण में चिर अशांत
जिसको अब तक समझे थे सब जीवन में परिवर्त्तन अनंत
अमरत्व वही अब भूलेगा तुम व्याकुल उसको कहो अंत
दुखमय चिर चिंतन के प्रतीक! श्रद्धा वंचक बनकर अधीर
मानव संतति ग्रह रश्मि रज्जु से भाग्य बाँध पीटे लकीर
'कल्याण भूमि यह लोक' यही श्रद्धा रहस्य जाने न प्रजा
अतिचारी मिथ्या मान इसे परलोक वञ्चना से भर जा
आशाओं में अपने निराश निज बुद्धि विभव से रहे भ्रांत
वह चलता रहे सदैव श्रांत!"

अभिशाप प्रतिध्वनि हुई लीन
नभ सागर के अंतस्तल में जैसे छिप जाता महा मीन
मृदु मरुत लहर में फेनोपम तारागण झिलमिल हुए दीन
निस्तब्ध मौन था अखिल लोक तंद्रालस था वह विजन प्रांत
रजनी तम पुंजीभूत सदृश मनु श्वास ले रहे थे अशांत
वे सोच रहे थे "आज वही मेरा अदृष्ट बन फिर आया
जिसने डाली थी जीवन पर पहले अपनी काली छाया
लिख दिया आज उसने भविष्य! यातना चलेगी अंतहीन
अब तो अवशिष्ट उपाय भी न।"

करती सरस्वती मधुर नाद
बहती थी श्यामल घाटी में निर्लिप्त भाव सी अप्रमाद
सब उपल उपेक्षित पड़े रहे जैसे वे निष्ठुर जड़ विषाद
वह थी प्रसन्नता की धारा जिसमें था केवल मधुर गान
थी कर्म निरंतरता प्रतीक चलता था स्ववश अनन्त ज्ञान
हिम शीतल लहरों का रह रह कूलों से टकराते जाना
आलोक अरुण किरणों का उन पर अपनी छाया बिखराना
अद्भुत था! निज निर्मित पथ का वह पथिक चल रहा निर्विवाद
कहता जाता कुछ सुसंवाद।

प्राची में फैला मधुर राग
जिसके मंडल में एक कमल खिल उठा सुनहला भर पराग
जिसके परिमल से व्याकुल हो श्यामल कलरव सब उठे जाग
आलोक रश्मि से बुने उषा अंचल में आंदोलन अमंद
करता प्रभात का मधुर पवन सब ओर वितरने को मरंद
उस रम्य फलक पर नवल चित्र सी प्रकट हुई सुन्दर बाला
वह नयन-महोत्सव की प्रतीक अम्लान नलिन की नव माला
सुषमा का मंडल सुस्मित सा बिखराता संसृति पर सुराग
सोया जीवन का तम विराग।

बिखरीं अलकें ज्यों तर्क जाल
वह विश्व मुकुट सा उज्ज्वलतम शशिखंड सदृश था स्पष्ट भाल
दो पद्म पलाश चषक से दृग देते अनुराग विराग ढाल
गुंजरित मधुप से मुकुल सदृश वह आनन जिसमें भरा गान
वक्षस्थल पर एकत्र धरे संसृति के सब विज्ञान ज्ञान
था एक हाथ में कर्म कलश वसुधा जीवन रस सार लिये
दूसरा विचारों के नभ को था मधुर अभय अवलंब दिये
त्रिवली थी त्रिगुण तरंगमयी, आलोक वसन लिपटा अराल
चरणों में थी गति भरी ताल।

नीरव थी प्राणों की पुकार
मूर्च्छित जीवन सर निस्तरंग नीहार घिर रहा था अपार
निस्तब्ध अलस बन कर सोयी चलती न रही चंचल बयार
पीता मन मुकुलित कंज आप अपनी मधु बूँदें मधुर मौन
निस्वन दिगंत में रहे रुद्ध सहसा बोले मनु "अरे कौन
आलोकमयी स्मिति चेतनता आयी यह हेमवती छाया"
तंद्रा के स्वप्न तिरोहित थे बिखरी केवल उजली माया
वह स्पर्श दुलार पुलक से भर बीते युग को उठता पुकार
वीचियाँ नाचतीं बार-बार।

प्रतिभा प्रसन्न मुख सहज खोल
वह बोली "मैं हूँ इड़ा, कहो तुम कौन यहाँ पर रहे डोल।"
नासिका नुकीली के पतले पुट फरक रहे कर स्मित अमोल
"मनु मेरा नाम सुनो बाले! मैं विश्व पथिक सह रहा क्लेश।"
"स्वागत! पर देख रहे हो तुम यह उजड़ा सारस्वत प्रदेश
भौतिक हलचल से यह चंचल हो उठा देश ही था मेरा
इसमें अब तक हूँ पड़ी इसी आशा से आये दिन मेरा।"
"मैं तो आया हूँ देवि बता दो जीवन का क्या सहज मोल
भव के भविष्य का द्वार खोल!

कामायनी

"इस विश्व कुहर में इंद्रजाल
जिसने रच कर फैलाया है ग्रह तारा विद्युत नखत माल
सागर की भीषण तम तरंग सा खेल रहा वह महाकाल
तब क्या इस वसुधा के लघु लघु प्राणी को करने को सभीत
उस निष्ठुर की रचना कठोर केवल विनाश की रही जीत
तब मूर्ख आज तक क्यों समझे हैं सृष्टि उसे जो नाशमयी
उसका अधिपति! होगा कोई, जिस तक दुख की न पुकार गयी
सुख नीड़ों को घेरे रहता अविरत विषाद का चक्रवाल
किसने यह पट है दिया डाल!

शनि का सुदूर नील लोक
जिसकी छाया सा फैला है ऊपर नीचे यह गगन शोक
उसके भी परे सुना जाता कोई प्रकाश का महा ओक
वह एक किरन अपनी देकर मेरी स्वतंत्रता में सहाय
क्या बन सकता है? नियति जाल से मुक्ति दान का कर उपाय।"
"कोई भी हो वह क्या बोले, पागल बन नर निर्भर न करे
अपनी दुर्बलता बल सम्हाल गंतव्य मार्ग पर पैर धरे
मत कर पसार निज पैरों चल, चलने की जिसको रहे झोंक
उसको कब कोई सके रोक।

"हाँ तुम ही हो अपने सहाय
जो बुद्धि कहे उसको न मान कर फिर किसकी नर शरण जाय
जितने विचार संस्कार रहे उनका न दूसरा है उपाय
यह प्रकृति परम रमणीय अखिल ऐश्वर्य भरी शोधक विहीन
तुम उसका पटल खोलने में परिकर कस कर बन कर्मलीन
सबका नियमन शासन करते बस बढ़ा चलो अपनी क्षमता
तुम ही इसके निर्णायक हो, हो कहीं विषमता या समता
तुम जड़ता को चैतन्य करो विज्ञान सहज साधन उपाय
यश अखिल लोक में रहे छाय।"

हँस पड़ा गगन वह शून्य लोक
जिसके भीतर बस कर उजड़े कितने ही जीवन मरण शोक
कितने हृदयों के मधुर मिलन क्रंदन करते बन विरह कोक
ले लिया भार अपने सिर पर मनु ने यह अपना विषम आज
हँस पड़ी उषा प्राची नभ में देखे नर अपना राज-काज
चल पड़ी देखने वह कौतुक चंचल मलयाचल की बाला
लख लाली प्रकृति कपोलों में गिरता तारा दल मतवाला
उन्निद कमल कानन में होती थी मधुपों की नोक झोंक
वसुधा विस्मृत थी सकल शोक।

"जीवन निशीथ का अंधकार
भग रहा क्षितिज के अंचल में मुख आवृत कर तुमको निहार
तुम इड़े उषा सी आज यहाँ आयी हो बन कितनी उदार
कलरव कर जाग पड़े मेरे ये मनोभाव सोये विहंग
हँसती प्रसन्नता चाव भरी बन कर किरनों की सी तरंग
अवलम्ब छोड़ कर औरों का जब बुद्धिवाद को अपनाया
मैं बढ़ा सहज, तो स्वयं बुद्धि को मानो आज यहाँ पाया
मेरे विकल्प संकल्प बने, जीवन हो कर्मों की पुकार
सुख साधन का हो खुला द्वार।"

स्वप्न

संध्या अरुण जलज केसर ले अब तक मन थी बहलाती,
मुरझा कर कब गिरा तामरस, उसको खोज कहाँ पाती!
क्षितिज भाल का कुंकुम मिटता मलिन कालिमा के कर से,
कोकिल की काकली वृथा ही अब कलियों पर मँडराती।

कामायनी कुसुम वसुधा पर पड़ी, न वह मकरंद रहा;
एक चित्र बस रेखाओं का, अब उसमें है रंग कहाँ!
वह प्रभात का हीनकला शशि, किरन कहाँ चाँदनी रही,
वह संध्या थी, रवि शशि तारा ये सब कोई नहीं जहाँ।

जहाँ तामरस इंदीवर या सित शतदल हैं मुरझाये,
अपने नालों पर, वह सरसी श्रद्धा थी, न मधुप आये;
वह जलधर जिसमें चपला या श्यामलता का नाम नहीं,
शिशिर कला की क्षीण स्रोत वह जो हिमतल में जम जाये।

एक मौन वेदना विजन की, झिल्ली की झनकार नहीं,
जगती की अस्पष्ट उपेक्षा, एक कसक साकार रही;
हरित कुंज की छाया भर थी वसुधा आलिंगन करती,
वह छोटी सी विरह नदी थी जिसका है अब पार नहीं।

नील गगन में उड़ती-उड़ती बिहग-बालिका सी किरनें,
स्वप्न लोक को चलीं थकी सी नींद सेज पर जा गिरने;
किन्तु विरहिणी के जीवन में एक घड़ी विश्राम नहीं,
बिजली सी स्मृति चमक उठी तब, लगे जभी तम घन घिरने!

संध्या नील सरोरुह से जो श्याम पराग बिखरते थे,
शैल घाटियों के अंचल को वे धीरे से भरते थे;
तृण-गुल्मों से रोमांचित नग सुनते उस दुख की गाथा,
श्रद्धा की सूनी साँसों से मिल कर जो स्वर भरते थे;—

"जीवन में सुख अधिक या कि दुख, मंदाकिनि कुछ बोलोगी?
नभ में नखत अधिक, सागर में या बुद्बुद् हैं गिन दोगी?
प्रतिविम्बित हैं तारा तुम में, सिंधु मिलन को जाती हो,
या दोनों प्रतिविम्ब एक के इस रहस्य को खोलोगी!

इस अवकाश पटी पर जितने चित्र बिगड़ते बनते हैं,
उनमें कितने रंग भरे जो सुरधनु पट से छनते हैं;
किन्तु सकल अणु पल में घुलकर व्यापक नील शून्यता सा,
जगती का आवरण वेदना का धूमिल पट बुनते हैं।

दग्ध श्वास से आह न निकले सजल कुहू में आज यहाँ!
कितना स्नेह जला कर जलता ऐसा है लघु दीप कहाँ?
बुझ न जाय वह साँझ किरन सी दीप-शिखा इस कुटिया की,
शलभ समीप नहीं तो अच्छा, सुखी अकेले जले यहाँ!

आज सुनूँ केवल चुप होकर, कोकिल जो चाहे कह ले,
पर न परागों की वैसी है चहल-पहल जो थी पहले;
इस पतझड़ की सूनी डाली और प्रतीक्षा की संध्या,
कामायनी! तू हृदय कड़ा कर धीरे-धीरे सब सह ले!

विरल डालियों के निकुंज सब ले दुख के निश्वास रहे,
उस स्मृति का समीर चलता है मिलन कथा फिर कौन कहे?
आज विश्व अभिमानी जैसे रूठ रहा अपराध बिना,
किन चरणों को धोयेंगे जो अश्रु पलक के पार बहे!

अरे मधुर हैं कष्ट पूर्ण भी जीवन की बीती घड़ियाँ !
जब निस्संबल होकर कोई जोड़ रहा बिखरी कड़ियाँ;
वही एक जो सत्य बना था चिर सुन्दरता में अपनी,
छिपा कहीं, तब कैसे सुलझें, उलझी सुख-दुख की लड़ियाँ !

विस्मृत हों वे बीती बातें अब जिनमें कुछ सार नहीं,
वह जलती छाती न रही अब वैसा शीतल प्यार नहीं !
सब अतीत में लीन हो चलीं, आशा, मधु अभिलाषाएँ,
प्रिय की निष्ठुर विजय हुई, पर यह तो मेरी हार नहीं !

वे आलिंगन एक पाश थे, स्मिति चपला थी, आज कहाँ ?
और मधुर विश्वास ! अरे वह पागल मन का मोह रहा !
वंचित जीवन बना समर्पण यह अभिमान अकिंचन का,
कभी दे दिया था कुछ मैंने, ऐसा अब अनुमान रहा !

विनिमय प्राणों का यह कितना भयसंकुल व्यापार अरे !
देना हो जितना दे दे तू, लेना ! कोई यह न करे !
परिवर्त्तन की तुच्छ प्रतीक्षा पूरी कभी न हो सकती,
संध्या रवि देकर पाती है इधर-उधर उडुगन बिखरे।

वे कुछ दिन जो हँसते आये अंतरिक्ष अरुणाचल से,
फूलों की भरमार स्वरों का कूजन लिये कुहक बल से;
फैल गयी जब स्मिति की माया, किरन कली की क्रीड़ा से,
चिर प्रवास में चले गये वे आने को कह कर छल से !

जब शिरीष की मधुर गंध से मान भरी मधु ऋतु रातें,
रूठ चली जातीं रक्तिम-मुख, न सह जागरण की घातें;
दिवस मधुर आलाप कथा सा कहता छा जाता नभ में,
वे जगते सपने अपने तब तारा बन कर मुसक्याते।"

वन बालाओं के निकुंज सब भरे वेणु के मधु स्वर से,
लौट चुके थे आने वाले सुन पुकार अपने घर से,
किन्तु न आया वह परदेशी युग छिप गया प्रतीक्षा में,
रजनी की भींगी पलकों से तुहिन विंदु कण-कण बरसे।

मानस का स्मृति शतदल खिलता, झरते विंदु मरंद घने,
मोती कठिन पारदर्शी ये, इनमें कितने चित्र बने!
आँसू सरल तरल विद्युत्कण, नयनालोक विरह तम में,
प्राण पथिक यह संबल लेकर लगा कल्पना-जग रचने।

अरुण जलज के शोण कोण थे नव तुषार के विंदु भरे,
मुकुर चूर्ण बन रहे प्रतिच्छवि कितनी साथ लिये बिखरे!
वह अनुराग हँसी दुलार की पंक्ति चली सोने तम में,
वर्षा विरह कुहू में जलते स्मृति के जुगुनू डरे-डरे।

सूने गिरि-पथ में गुञ्जारित शृङ्गनाद की ध्वनि चलती,
आकांक्षा लहरी दुख-तटिनी पुलिन अंक में थी ढलती;
जले दीप नभ के, अभिलाषा शलभ उड़े, उस ओर चले,
भरा रह गया आँखों में जल, बुझी न वह ज्वाला जलती।

"माँ"—फिर एक किलक दूरागत, गूँज उठी कुटिया सूनी,
माँ उठ दौड़ी भरे हृदय में लेकर उत्कंठा दूनी;
लुटरी खुली अलक, रज-धूसर बाहें आकर लिपट गयीं,
निशा तापसी की जलने को धधक उठी बुझती धूनी!

"कहाँ रहा नटखट तू फिरता अब तक मेरा भाग्य बना!
अरे पिता के प्रतिनिधि, तूने भी सूख दुख तो दिया घना;
चंचल तू, वनचर मृग बन कर भरता है चौकड़ी कहीं,
मैं डरती तू रूठ न जाये करती कैसे तुझे मना!"

"मैं रूठूँ माँ और मना तू, कितनी अच्छी बात कही,
ले मैं सोता हूँ अब जाकर, बोलूँगा मैं आज नहीं;
पके फलों से पेट भरा है नींद नहीं खुलने वाली।"
श्रद्धा चुम्बन ले प्रसन्न कुछ, कुछ विषाद से भरी रही।

जल उठते हैं लघु जीवन के मधुर-मधुर वे पल हलके,
मुक्त उदास गगन के उर में छाले बन कर जा झलके;
दिवा-श्रांत आलोक-रश्मियाँ नील निलय में छिपी कहीं,
करुण वही स्वर फिर उस संसृति में वह बह जाता है गल के।

प्रणय किरण का कोमल बंधन मुक्ति बना बढ़ता जाता,
दूर, किन्तु कितना प्रतिपल वह हृदय समीप हुआ जाता!
मधुर चाँदनी सी तंद्रा जब फैली मूर्च्छित मानस पर,
तब अभिन्न प्रेमास्पद उसमें अपना चित्र बना जाता!

कामायनी सकल अपना सुख स्वप्न बना सा देख रही,
युग-युग की वह विकल प्रतारित मिटी हुई बन लेख रही;
जो कुसुमों के कोमल दल से कभी पवन पर अंकित था,
आज पपीहा की पुकार बन नभ में खिंचती रेख रही!

इड़ा अग्नि-ज्वाला सी आगे जलती है उल्लास भरी,
मधु का पथ आलोकित करती विपद - नदी में बनी तरी;
उन्नति का आरोहण, महिमा शैल-शृंग सी, श्रांति नहीं,
तीव्र प्रेरणा की धारा सी बही वहीं उत्साह भरी।

वह सुन्दर आलोक किरन सी हृदय भेदिनी दृष्टि लिये,
जिधर देखती, खुल जाते हैं तम ने जो पथ बंद किये!
मनु की सतत सफलता की वह उदय विजयिनी तारा थी,
आश्रय की भूखी जनता ने निज श्रम के उपहार दिये!

मनु का नगर बसा है सुन्दर सहयोगी हैं सभी बने,
दृढ़ प्राचीरों में मंदिर के द्वार दिखाई पड़े घने;
वर्षा धूप शिशिर में छाया के साधन सम्पन्न हुए,
खेतों में हैं कृषक चलाते हल प्रमुदित श्रम-स्वेद सने।

उधर धातु गलते, बनते हैं आभूषण औ' अस्त्र नये,
कहीं साहसी ले आते हैं मृगया के उपहार नये;
पुष्पलावियाँ चुनती है वन-कुसुमों की अध-विकच कली,
गंध चूर्ण था लोध्र कुसुम रज, जुटे नवीन प्रसाधन ये।

घन के आघातों से होती जो प्रचंड ध्वनि रोष भरी,
तो रमणी के मधुर कण्ठ से हृदय मूर्च्छना उधर ढरी;
अपने वर्ग बना कर श्रम का करते सभी उपाय वहाँ,
उनकी मिलित प्रयत्न-प्रथा से पुर की श्री दिखतीं निखरी।

देश काल का लाघव करते वे प्राणी चंचल से हैं,
सुख साधन एकत्र कर रहे जो उनके संबल में हैं;
बढ़े ज्ञान व्यवसाय, परिश्रम बल की विस्तृत छाया में,
नर प्रयत्न से ऊपर आवें जो कुछ वसुधा तल में हैं।

सृष्टि बीज अंकुरित, प्रफुल्लित, सफल हो रहा हरा-भरा !
प्रलय बीच भी रक्षित मनु से वह फैला उत्साह भरा;
आज स्वचेतन प्राणी अपनी कुशल कल्पनाएँ करके,
स्वावलम्ब की दृढ़ धरणी पर खड़ा, नहीं अब रहा डरा।

श्रद्धा उस आश्चर्य-लोक में मलय-बालिका सी चलती,
सिंहद्वार के भीतर पहुँची, खड़े प्रहरियों को छलती;
ऊँचे स्तम्भों पर बलभी युत बने रम्य प्रासाद वहाँ,
धूप धूम सुरभित गृह, जिनमें थी आलोक-शिखा जलती।

स्वर्ण कलश शोभित भवनों से लगे हुए उद्यान बने।
ऋजु-प्रशस्त पथ बीच-बीच में, कहीं लता के कुंज घने;
जिनमें दम्पति समुद्र विहरते, प्यार भरे दे गलबाहीं,
गूँज रहे थे मधुप रसीले, मदिरा-मोद पराग सने।

देवदारु के वे प्रलम्ब भुज, जिनमें उलझी वायु-तरंग,
मुखरित आभूषण से कलरव करते सुन्दर बाल विहंग;
आश्रय देता वेणु वनों से निकली स्वर लहरी ध्वनि को,
नाग केसरों की क्यारी में अन्य सुमन भी थे बहुरंग।

नव मंडप में सिंहासन सम्मुख कितने ही मंच तहाँ,
एक ओर रक्खे हैं सुन्दर मढ़े चर्म से सुखद वहाँ;
आती है शैलेय अगरु की धूम-गंध आमोद भरी,
श्रद्धा सोच रही सपने में 'यह लो मैं आ गयी कहाँ?'

और सामने देखा उसने निज दृढ़ कर में चषक लिये,
मनु, वह क्रतुमय पुरुष! वही मुख सन्ध्या की लालिमा पिये।
मादक भाव सामने, सुन्दर एक चित्र सा कौन यहाँ,
जिसे देखने को यह जीवन मर-मर कर सौ बार जिये?

इड़ा ढालती थी वह आसव, जिसकी बुझती प्यास नहीं,
तृषित कंठ को, पी-पी कर भी, जिसमें है विश्वास नहीं;
वह वैश्वानर की ज्वाला सी, मंच वेदिका पर बैठी,
सौमनस्य बिखराती शीतल, जड़ता का कुछ भास नहीं।

मनु ने पूछा "और अभी कुछ करने को है शेष यहाँ?"
बोली इड़ा "सफल इतने में अभी कर्म सविशेष कहाँ!
क्या सब साधन स्ववश हो चुके?" "नहीं अभी मैं रिक्त रहा–
देश बसाया पर उजड़ा है सूना मानस देश यहाँ।

स्वप्न

सुन्दर मुख, आँखों की आशा, किन्तु हुए ये किसके हैं;
एक बाँकपन प्रतिपद शशि का, भरे भाव कुछ रिस के हैं;
कुछ अनुरोध मान-मोचन का करता आँखों में संकेत,
बोल अरी मेरी चेतनते! तू किसकी, ये किसके हैं?"

"प्रजा तुम्हारी, तुम्हें प्रजापति सबका ही गुनती हूँ मैं,
यह सन्देह भरा फिर कैसा नया प्रश्न सुनती हूँ मैं?"
"प्रजा नहीं, तुम मेरी रानी मुझे न अब भ्रम में डालो,
मधुर मराली! कहो 'प्रणय के मोती अब चुनती हूँ मैं।'

मेरा भाग्य गगन धुँधला सा, प्राची पट सी तुम उसमें,
खुल कर स्वयं अचानक कितनी प्रभापूर्ण हो छवि यश में,
मैं अतृप्त आलोक भिखारी ओ प्रकाश - बालिके! बता,
कब डूबेगी प्यास हमारी इन मधु अधरों के रस में?

ये सुख-साधन और रुपहली रातों की शीतल छाया,
स्वर संचरित दिशाएँ, मन है उन्मद और शिथिल काया;
तब तुम प्रजा बनो मत रानी!" नर पशु कर हुंकार उठा,
उधर फैलती मदिर घटा सी अंधकार की घन माया।

आलिंगन! फिर भय का क्रंदन! वसुधा जैसे काँप उठी!
वह अतिचारी, दुर्बल नारी परित्राण पथ नाप उठी!
अंतरिक्ष में हुआ रुद्र हुंकार भयानक हलचल थी,
अरे आत्मजा प्रजा! पाप की परिभाषा बन शाप उठी।

उधर गगन में क्षुब्ध हुई सब देव-शक्तियाँ क्रोध भरी,
रुद्र - नयन खुल गया अचानक, व्याकुल काँप रही नगरी;
अतिचारी था स्वयं प्रजापति, देव अभी शिव बने रहें!
नहीं; इसी से चढ़ी शिंजिनी अजगव पर प्रतिशोध भरी!

प्रकृति त्रस्त थी, भूतनाथ ने नृत्य-विकम्पित पद अपना,
उधर उठाया, भूत सृष्टि सब होने जाती थी सपना!
आश्रय पाने को सब व्याकुल, स्वयं कलुष में मनु संदिग्ध,
फिर कुछ होगा यही समझ कर वसुधा का थर-थर कँपना।

काँप रहे थे प्रलयमयी क्रीड़ा से सब आशंकित जन्तु,
अपनी-अपनी पड़ी सभी को, छिन्न स्नेह का कोमल तंतु;
आज कहाँ वह शासन था जो रक्षा का था भार लिये,
इड़ा क्रोध लज्जा से भर कर बाहर निकल चली थी किन्तु।

देखा उसने, जनता व्याकुल राजद्वार कर रुद्ध रही,
प्रहरी के दल भी झुक आये उनके भाव विशुद्ध नहीं;
नियमन एक झुकाव दबा सा, टूटे या ऊपर उठ जाय!
प्रजा आज कुछ और सोचती अब तक जो अविरुद्ध रही!

कोलाहल में घिर, छिप बैठे मनु, कुछ सोच विचार भरे,
द्वार बंद लख प्रजा त्रस्त सी, कैसे मन फिर धैर्य धरे!
शक्ति तरंगों में आंदोलन, रुद्र क्रोध भीषणतम था,
महानील - लोहित - ज्वाला का नृत्य सभी से उधर परे।

वह विज्ञान मयी अभिलाषा, पंख लगा कर उड़ने की,
जीवन की असीम आशाएँ कभी न नीचे मुड़ने की;
अधिकारों की सृष्टि और उनकी वह मोहमयी माया,
वर्गों की खाईं बन फैली कभी नहीं जो जुड़ने की।

असफल मनु कुछ क्षुब्ध हो उठे, आकस्मिक बाधा कैसी,
समझ न पाये कि यह हुआ क्या, प्रजा जुटी क्यों आ ऐसी!
परित्राण प्रार्थना विकल थी देव क्रोध से बन विद्रोह,
इड़ा रही जब वहाँ! स्पष्ट ही वह घटना कुचक्र जैसी।

"द्वार बन्द कर दो इनको तो अब न यहाँ आने देना,
प्रकृति आज उत्पात कर रही, मुझको बस सोने देना।"
कह कर यों मनु प्रगट क्रोध में, किन्तु डरे से थे मन में,
शयन कक्ष में चले सोचते जीवन का लेना-देना!

श्रद्धा काँप उठी सपने में, सहसा उसकी आँख खुली,
यह क्या देखा मैंने? कैसे वह इतना हो गया छली?
स्वजन स्नेह में भय की कितनी आशंकाएँ उठ आतीं,
अब क्या होगा, इसी सोच में व्याकुल रजनी बीत चली।

◻◻◻

संघर्ष

श्रद्धा का था स्वप्न किन्तु वह सत्य बना था,
इड़ा संकुचित उधर प्रजा में क्षोभ घना था।
भौतिक विप्लव देख विकल वे थे घबराये,
राज शरण में त्राण प्राप्त करने को आये।

किन्तु मिला अपमान और व्यवहार बुरा था,
मनस्ताप से सब के भीतर रोष भरा था।
क्षुब्ध निरखते वदन इड़ा का पीला-पीला,
उधर प्रकृति की रुकी नहीं थी तांडव लीला।

प्रांगण में थी भीड़ बढ़ रही सब जुड़ आये,
प्रहरी गण कर द्वार बंद थे ध्यान लगाये।
रात्रि घनी कालिमा पटी में दबी-लुकी सी,
रह रह होती प्रगट मेघ की ज्योति झुकी सी।

मनु चिन्तित से पड़े शयन पर सोच रहे थे,
क्रोध और शंका के श्वापद नोच रहे थे।
"मैं यह प्रजा बना कर कितना तुष्ट हुआ था,
किन्तु कौन कह सकता इन पर रुष्ट हुआ था।

कितने जव से भर कर इनका चक्र चलाया,
अलग अलग ये एक हुई पर इनकी छाया।
मैं नियमन के लिए बुद्धि बल से प्रयत्न कर,
इनको कर एकत्र, चलाता नियम बना कर।

किन्तु स्वयं भी क्या वह सब कुछ मान चलूँ मैं,
तनिक न मैं स्वच्छंद, स्वर्ण सा सदा गलूँ मैं !

जो मेरी है सृष्टि उसी से भीत रहूँ मैं,
क्या अधिकार नहीं कि कभी अविनीत रहूँ मैं?

श्रद्धा का अधिकार समर्पण दे न सका मैं,
प्रतिपल बढ़ता हुआ भला कब वहाँ रुका मैं!
इड़ा नियम - परतंत्र चाहती मुझे बनाना,
निर्वाधित अधिकार उसी ने एक न माना।

विश्व एक बंधन विहीन परिवर्त्तन तो है;
इसकी गति में रवि - शशि - तारे ये सब जो हैं।
रूप बदलते रहते वसुधा जल निधि बनती,
उदधि बना मरुभूमि जलधि में ज्वाला जलती।

तरल अग्नि की दौड़ लगी है सब के भीतर,
गल कर बहते हिम-नग सरिता लीला रच कर।
यह स्फुलिंग का नृत्य एक पल आया बीता!
टिकने को कब मिला किसी को यहाँ सुभीता?

कोटि कोटि नक्षत्र शून्य के महा विवर में,
लास रास कर रहे लटकते हुए अधर में।
उठती हैं पवनों के स्तर में लहरें कितनी,
यह असंख्य चीत्कार और परवशता इतनी।

यह नर्त्तन उन्मुक्त विश्व का स्पंदन द्रुततर,
गतिमय होता चला जा रहा अपने लय पर।
कभी कभी हम वही देखते पुनरावर्तन;
उसे मानते नियम चल रहा जिससे जीवन।

रुदन हास बन किंतु पलक में छलक रहे हैं,
शत शत प्राण विमुक्ति खोजते ललक रहे हैं।
जीवन में अभिशाप शाप में ताप भरा है,
इस विनाश में सृष्टि कुंज हो रहा हरा है।

विश्व बँधा है एक नियम से' यह पुकार सी,
फैल गयी है इनके मन में दृढ़ प्रचार सी।
नियम इन्होंने परखा फिर सुख साधन जाना,
वशी नियामक रहे, न ऐसा मैंने माना।

मैं चिर बंधन हीन मृत्यु सीमा उल्लंघन,
करता सतत चलूँगा यह मेरा है दृढ़ प्रण।
महानाश की सृष्टि बीच जो क्षण हो अपना,
चेतनता की तुष्टि वही है फिर सब सपना।"

प्रगतिशील मन रुका एक क्षण करवट लेकर,
देखा अविचल इड़ा खड़ी फिर सब कुछ देकर!
और कह रही "किन्तु नियामक नियम न माने,
तो फिर सब कुछ नष्ट हुआ सा निश्चय जाने।"

"ऐं तुम फिर भी यहाँ आज कैसे चल आयी,
क्या कुछ और उपद्रव की है बात समायी—
मन में, यह सब आज हुआ है जो कुछ इतना!
क्या न हुई है तुष्टि? बच रहा है अब कितना?"

"मनु सब शासन स्वत्व तुम्हारा सतत निबाहें,
तुष्टि, चेतना का क्षण अपना अन्य न चाहें!
आह प्रजापति यह न हुआ है, कभी न होगा,
निर्वाधित अधिकार आज तक किसने भोगा?"

यह मनुष्य आकार चेतना का है विकसित,
एक विश्व अपने आवरणों में है निर्मित।
चिति केन्द्रों में जो संघर्ष चला करता है,
द्वयता का जो भाव सदा मन में भरता है,

वे विस्मृत पहचान रहे से एक-एक को,
होते सतत समीप मिलाते हैं अनेक को।

स्पर्धा में जो उत्तम ठहरें वे रह जावें,
संसृति का कल्याण करें शुभ मार्ग बतावें।

व्यक्ति चेतना इसीलिए परतंत्र बनी सी,
रागपूर्ण, पर द्वेष पंक में सतत सनी सी;
नियत मार्ग में पद-पद पर है ठोकर खाती,
अपने लक्ष्य समीप श्रांत हो चलती जाती।

यह जीवन उपयोग, यही है बुद्धि साधना,
अपना जिसमें श्रेय यही सुख की अ'राधना।
लोक सुखी हो आश्रय ले यदि उस छाया में,
प्राण सदृश तो रमो राष्ट्र की इस काया में।

देश कल्पना काल परिधि में होती लय है,
काल खोजता महा चेतना में निज क्षय है।
वह अनंत चेतन नचता है उन्मद गति से,
तुम भी नाचो अपनी द्वयता में विस्मृति में।

क्षितिज पटी को उठा बढ़ो ब्रह्मांड विवर में,
गुंजारित घन नाद सुनो इस विश्व कुहर में।
ताल-ताल पर चलो नहीं लय छूटे जिसमें,
तुम न विवादी स्वर छेड़ो अनजाने इसमें।"

"अच्छा! यह तो फिर न तुम्हें समझाना है अब,
तुम कितनी प्रेरणामयी हो जान चुका सब।
किन्तु आज ही अभी लौट कर फिर हो आयी,
कैसे यह साहस की मन में बात समायी!

आह प्रजापति होने का अधिकार यही क्या!
अभिलाषा मेरी अपूर्ण ही सदा रहे क्या?
मैं सबको वितरित करता ही सतत रहूँ क्या?
कुछ पाने का यह प्रयास है पाप, सहूँ क्या?

तुमने भी प्रतिपादन दिया कुछ कह सकती हो?
मुझे ज्ञान देकर ही जीवित रह सकती हो!
जो मैं हूँ चाहता वही जब मिला नहीं है;
तब लौटा लो व्यर्थ बात जो अभी कही है।"

"इड़े! मुझे वह वस्तु चाहिए जो मैं चाहूँ,
तुम पर हो अधिकार, प्रजापति न तो वृथा हूँ।
तुम्हें देख कर बंधन ही अब टूट रहा सब,
शासन या अधिकार चाहता हूँ न तनिक अब।

देखो यह दुर्घर्ष प्रकृति का इतना कंपन!
मेरे हृदय समक्ष क्षुद्र है इसका स्पंदन,
इस कठोर ने प्रलय खेल है हँस कर खेला,
किन्तु आज कितना कोमल हो रहा अकेला?

तुम कहती हो विश्व एक लय है, मैं उसमें,
लीन हो चलूँ? किन्तु धरा है क्या सुख इसमें।
क्रंदन का निज अलग एक आकाश बना लूँ,
उस रोदन में अट्टहास हो तुमको पा लूँ।

फिर से जलनिधि उछल बहे मर्यादा बाहर,
फिर झंझा हो वज्र प्रगति से भीतर बाहर,
फिर डगमग हो नाव लहर ऊपर से भागे,
रवि शशि तारा सावधान हों चौंकें जागें,

किन्तु पास ही रहो बालिके, मेरी हो तुम,
मैं हूँ कुछ खिलवाड़ नहीं जो अब खेलो तुम?"
"आह न समझोगे क्या मेरी अच्छी बातें,
तुम उत्तेजित होकर अपना प्राप्य न पाते।

प्रजा क्षुब्ध हो शरण माँगती उधर खड़ी है,
प्रकृति सतत आतंक विकंपित घड़ी-घड़ी है।

सावधान, मैं शुभाकांक्षिणी और कहूँ क्या!
कहना था कह चुकी और अब यहाँ रहूँ क्या!"

"मायाविनि, बस पा ली तुमने ऐसे छुट्टी,
लड़के जैसे खेलों में कर लेते कुट्टी।
मूर्तिमती अभिशाप बनी सी सम्मुख आयी,
तुमने ही संघर्ष भूमिका मुझे दिखायी।

रुधिर भरी वेदियाँ भयकरी उनमें ज्वाला,
विनयन का उपचार तुम्हीं से सीख निकाला।
चार वर्ण बन गये बँटा श्रम उनका अपना,
शस्त्र यंत्र बन चले, न देखा जिनका सपना।

आज शक्ति का खेल खेलने में आतुर नर,
प्रकृति संग संघर्ष निरंतर अब कैसा डर?
बाधा नियमों की न पास में अब आने दो,
इस हताश जीवन में क्षण सुख मिल जाने दो।

राष्ट्र स्वामिनी, यह लो सब कुछ वैभव अपना,
केवल तुमको सब उपाय से कह लूँ अपना।
यह सारस्वत देश या कि फिर ध्वंस हुआ सा
समझो, तुम हो अग्नि और यह सभी धुआँ सा?"

"मैंने जो मनु, किया उसे मत यों कह भूलो;
तुमको जितना मिला उसी में यों मत फूलो।
प्रकृति संग संघर्ष सिखाया तुमको मैंने,
तुमको केन्द्र बना कर अनहित किया न मैंने!

मैंने इस बिखरी विभूति पर तुमको स्वामी,
सहज बनाया, तुम अब जिसके अंतर्यामी।
किन्तु आज अपराध हमारा अलग खड़ा है,
हाँ में हाँ न मिलाऊँ तो अपराध बड़ा है।

मनु! देखो यह भ्रांति-निशा अब बीत रही है,
प्राची में नव उषा तमस को जीत रही है।
अभी समय है मुझ पर कुछ विश्वास करो तो,
बनती है सब बात तनिक तुम धैर्य धरो तो।"

और एक क्षण वह, प्रमाद का फिर से आया,
इधर इड़ा ने द्वार ओर निज पैर बढ़ाया।
किन्तु रोक ली गयी भुजाओं से मनु की वह,
निस्सहाय हो दीन दृष्टि देखती रही, वह।

"यह सारस्वत देश तुम्हारा तुम हो रानी!
मुझको अपना अस्त्र बना करती मनमानी।
यह छल चलने में अब पंगु हुआ सा समझो,
मुझको भी अब मुक्त जाल से अपने समझो।

शासन की यह प्रगति सहज ही अभी रुकेगी।
क्योंकि दासता मुझसे अब तो हो न सकेगी।
मैं शासक, मैं चिर स्वतंत्र, तुम पर भी मेरा
हो अधिकार असीम, सफल हो जीवन मेरा।

छिन्न भिन्न अन्यथा हुई जाती है पल में,
सकल व्यवस्था अभी जाय डूबती अतल में।
देख रहा हूँ वसुधा का अति भय से कंपन,
और सुन रहा हूँ नभ का यह निर्मम क्रंदन।

किंतु आज तुम बंदी हो मेरी बाहों में,
मेरी छाती में," फिर सब डूबा आहों में!
सिंह द्वार अरराया जनता भीतर आयी,
"मेरी रानी" उसने जो चीत्कार मचायी।

अपनी दुर्बलता में मनु तब हाँफ रहे थे,
स्खलित विकंपित पद वे अब भी काँप रहे थे।

सजग हुए मनु वज्र खचित ले राज दंड तब,
और पुकारा "तो सुन लो जो कहता हूँ अब—

"तुम्हें तृप्तिकर सुख के साधन सकल बताये,
मैंने ही श्रम भाग किया फिर वर्ग बनाये।
अत्याचार प्रकृति कृत हम सब जो सहते हैं,
करते कुछ प्रतिकार न अब हम चुप रहते हैं!

आज न पशु हैं हम, या गूँगे काननचारी,
यह उपकृति क्या भूल गये तुम आज हमारी!"
वे बोले सक्रोध मानसिक भीषण दुख से,
"देखो पाप पुकार उठा अपने ही मुख से!

तुमने योगक्षेम से अधिक संचय वाला,
लोभ सिखा कर इस विचार संकट में डाला।
हम संवेदन शील हो चले यही मिला सुख,
कष्ट समझने लगे बना कर निज कृत्रिम दुख!

प्रकृति शक्ति तुमने यंत्रों से सब की छीनी!
शोषण कर जीवनी बना दी जर्जर झीनी!
और इड़ा पर यह क्या अत्याचार किया है?
इसीलिए तू हम सब के बल यहाँ जिया है?

आज बंदिनी मेरी रानी इड़ा यहाँ है?
यो यायावर! अब तेरा निस्तार कहाँ है?"
"तो फिर मैं हूँ आज अकेला जीवन रण में,
प्रकृति और उसके पुतलों के दल भीषण में।

आज साहसिक का पौरुष निज तन पर लेखें,
राज दंड को वज्र बना सा सचमुच देखें।"
यों कह मनु ने अपना भीषण अस्त्र सम्हाला,
देव 'आग' ने उगली त्योंही अपनी ज्वाला।

छूट चले नाराच धनुष से तीक्ष्ण नुकीले,
टूट रहे नभ धूमकेतु अति नीले पीले;
अंधड़ था बढ़ रहा, प्रजा दल सा झुँझलाता,
रण वर्षा में शस्त्रों सा बिजली चमकाता।

किंतु क्रूर मनु वारण करते उन बाणों को,
बढ़े कुचलते हुए खड्ग से जन प्राणों को।
तांडव में थी तीव्र प्रगति, परमाणु विकल थे,
नियति विकर्षण मयी, त्रास से सब व्याकुल थे।

मनु फिर रहे अलात-चक्र से उस घन तम में,
वह रक्तिम उन्माद नाचता कर निर्मम में।
उठा तुमुल रण नाद, भयानक हुई अवस्था,
बढ़ा विपक्ष समूह मौन पददलित व्यवस्था।

आहत पीछे हटे, स्तम्भ से टिक कर मनु ने,
श्वास लिया, टंकार किया दुर्लक्ष्यी धनु ने।
बहते विकट अधीर विषम उन्चास वात थे,
मरण पर्व था; नेता आकुलि औ' किलात थे।

ललकारा, "बस अब इसको मत जाने देना,"
किंतु सजग मनु पहुँच गये कह "लेना-लेना।
कायर, तुम दोनों ने ही उत्पात मचाया,
अरे, समझ कर जिनको अपना था अपनाया।

तो फिर आओ देखो कैसे होती है बलि,
रण यह, यज्ञ पुरोहित, ओ किलात औ' आकुलि,"
और धराशायी थे असुर पुरोहित उस क्षण,
इड़ा अभी कहती जाती थी "बस रोको रण;

भीषण जन संहार आप ही तो होता है,
ओ पागल प्राणी तू क्यों जीवन खोता है।

क्यों इतना आतंक ठहर जा ओ गर्वीले,
जीने दे सबको फिर तू भी सुख से जी ले।"

किन्तु सुन रहा कौन! धधकती वेदी ज्वाला,
सामूहिक बलि का निकला था पंथ निराला।
रक्तोन्मद मनु का न हाथ अब भी रुकता था,
प्रजा पक्ष का भी न किन्तु साहस झुकता था।

वहीं धर्षिता खड़ी इड़ा सारस्वत रानी,
वे प्रतिशोध अधीर रक्त बहता बन पानी।
धूमकेतु सा चला रुद्र नाराच भयंकर,
लिये पूँछ में ज्वाला अपनी अति प्रलयंकर।

अंतरिक्ष में महाशक्ति हुंकार कर उठी,
सब शस्त्रों की धारें भीषण वेग भर उठीं।
और गिरीं मनु पर, मुमूर्षु वे गिरे वहीं पर,
रक्त नदी की बाढ़ फैलती थी उस भू पर।

❏❏❏

निर्वेद

वह सारस्वत नगर पड़ा था
क्षुब्ध मलिन कुछ मौन बना,
जिसके ऊपर विगत कर्म का
विष विषाद आवरण तना।

उल्का धारी प्रहरी से ग्रह–
तारा नभ में टहल रहे,
वसुधा पर यह होता क्या है
अणु अणु क्यों हैं मचल रहे?

जीवन में जागरण सत्य है
या सुषुप्ति ही सीमा है,
आती है रह-रह पुकार सी
'यह भव रजनी भीमा है।'

निशिचारी भीषण विचार के
पंख भर रहे सर्राटे,
सरस्वती थी चली जा रही
खींच रही सी सन्नाटे।

अभी घायलों की सिसकी में
जाग रही थी मर्म व्यथा,
पुर लक्ष्मी खगरव के मिस कुछ
कह उठती थी करुण कथा।

निर्वेद

कुछ प्रकाश धूमिल सा उसके
            दीपों से था निकल रहा,
पवन चल रहा था रुक-रुक कर
            खिन्न भरा अवसाद रहा।

भय मय मौन निरीक्षक सा था
            सजग सतत चुपचाप खड़ा,
अंधकार का नील आवरण
            दृश्य जगत से रहा बड़ा।

मंडप के सोपान पड़े थे
            सूने, कोई अन्य नहीं,
स्वयं इड़ा उस पर बैठी थी
            अग्नि शिखा थी धधक रही।

शून्य राज चिह्नों से मन्दिर
            बस समाधि सा रहा खड़ा,
क्योंकि वहीं घायल शरीर वह
            मनु का तो था रहा पड़ा।

इड़ा ग्लानि से भरी हुई बस
            सोच रही बीती बातें,
घृणा और ममता में ऐसी
            बीत चुकीं कितनी रातें।

नारी का वह हृदय! हृदय में
            सुधा सिन्धु लहरें लेता,
बाडव ज्वलन उसी में जल कर
            कंचन सा जल रँग देता।

मधु पिंगल उस तरल अग्नि में
शीतलता संसृति रचती,
क्षमा और प्रतिशोध! आह रे
दोनों की माया नचती।

"उसने स्नेह किया थ मुझसे
हाँ अनन्य वह रहा नहीं,
सहज लब्ध थी वह अनन्यता
पड़ी रह सके जहाँ कहीं।

बाधाओं का अतिक्रमण कर
जो अबाध हो दौड़ चले,
वही स्नेह अपराध हो उठा
जो सब सीमा तोड़ चले।

"हाँ अपराध, किन्तु वह कितना
एक अकेले भीम बना,
जीवन के कोने से उठ कर
इतना आज असीम बना!

और प्रचुर उपकार सभी वह
—सहृदयता की सब माया—
शून्य शून्य था! केवल उसमें
खेल रही थी छल छाया!

"कितना दुखी एक परदेशी
बन, उस दिन जो आया था,
जिसके नीचे धरा नहीं थी
शून्य चतुर्दिक छाया था।

वह शासन का सूत्रधार था
            नियमन का आधार बना,
अपने निर्मित नव विधान से
            स्वयं दंड साकार बना।

"सागर की लहरों से उठ कर
            शैल शृंग पर सहज चढ़ा,
अप्रतिहत गति, संस्थानों से
            रहता था जो सदा बढ़ा।

आज पड़ा है वह मुमूर्षु सा
            वह अतीत सब सपना था,
उसके ही सब हुए पराये
            सबका ही जो अपना था।

"किन्तु, वही मेरा अपराधी
            जिसका वह उपकारी था,
प्रकट उसी से दोष हुआ है
            जो सब को गुणकारी था।

अरे सर्ग-अंकुर के दोनों
            पल्लव हैं ये भले बुरे,
एक-दूसरे की सीमा हैं
            क्यों न युगल को प्यार करें?

"अपना हो या औरों का सुख
            बढ़ा कि बस दुख बना वहीं,
कौन बिन्दु है रुक जाने का
            यह जैसे कुछ ज्ञात नहीं।

प्राणी निज भविष्य चिन्ता में
            वर्त्तमान का सुख छोड़े,
दौड़ चला है बिखराता सा
            अपने ही पथ में रोड़े।

"इसे दंड देने मैं बैठी
            या करती रखवाली मैं,
यह कैसी है विकट पहेली
            कितनी उलझन वाली मैं?

एक कल्पना है मीठी यह
            इससे कुछ सुन्दर होगा,
हाँ कि, वास्तविकता से अच्छी
            सत्य इसी को वर देगा।"

चौंक उठी अपने विचार से
            कुछ दूरागत ध्वनि सुनती,
इस निस्तब्ध निशा में कोई
            चली आ रही है कहती—

"अरे बता दो मुझे दया कर
            कहाँ प्रवासी है मेरा?
उसी बावले से मिलने को
            डाल रही हूँ मैं फेरा।

रूठ गया था अपनेपन से
            अपना सकी न उसको मैं,
वह तो मेरा अपना ही था
            भला मनाती किसको मैं!

यही भूल अब शूल सदृश हो
साल रही उर में मेरे ,
कैसे पाऊँगी उसको मैं
कोई आकर कह दे रे।"

इड़ा उठी, दिख पड़ा राज पथ
धुँधली सी छाया चलती ,
वाणी में थी करुण वेदना
वह पुकार जैसे जलती।

शिथिल शरीर वसन विशृंखल
कबरी अधिक अधीर खुली,
छिन्नपत्र मकरन्द लुटी सी
ज्यों मुरझायी हुई कली।

नव कोमल अवलम्ब साथ में
वय किशोर उँगली पकड़े ,
चला आ रहा मौन धैर्य सा
अपनी माता को जकड़े।

थके हुए थे दुखी बटोही
वे दोनों ही माँ बेटे ,
खोज रहे थे भूले मनु को
जो घायल हो कर लेटे।

इड़ा आज कुछ द्रवित हो रही
दुखियों को देखा उसने,
पहुँची पास और फिर पूछा
"तुमको बिसराया किसने?

इस रजनी में कहाँ भटकती
                जाओगी तुम बोलो तो,
बैठो आज अधिक चंचल हूँ
                व्यथा गाँठ निज खोलो तो।

जीवन की लंबी यात्रा में
                खोये भी हैं मिल जाते,
जीवन है तो कभी मिलन है
                कट जातीं दुख की रातें।"

श्रद्धा रुकी कुमार श्रान्त था
                मिलता है विश्राम यहीं,
चली इड़ा के साथ जहाँ पर
                वह्नि शिखा प्रज्ज्वलित रही।

सहसा धधकी वेदी ज्वाला
                मंडप आलोकित करती,
कामायनी देख पायी कुछ
                पहुँची उस तक डग भरती।

और वही मनु! घायल सचमुच
                तो क्या सच्चा स्वप्न रहा?
"आह प्राण प्रिय! यह क्या? तुम यों!"
                घुला हृदय, बन नीर बहा।

इड़ा चकित, श्रद्धा आ बैठी
                वह थी मनु को सहलाती,
अनुलेपन सा मधुर स्पर्श था
                व्यथा भला क्यों रह जाती?

निर्वेद

उस मूर्च्छित नीरवता में कुछ
        हलके से स्पन्दन आये,
आँखें खुलीं चार कोनों में
        चार बिन्दु आकर छाये।

उधर कुमार देखता ऊँचे
        मन्दिर, मंडप, वेदी को,
यह सब क्या है नया मनोहर
        कैसे ये लगते जी को?

माँ ने कहा 'अरे आ तू भी
        देख पिता हैं पड़े हुए,'
'पिता! आ गया लो' यह कहते
        उसके रोएँ खड़े हुए।

'माँ जल दे, कुछ प्यासे होंगे
        क्या बैठी कर रही यहाँ?'
मुखर हो गया सूना मंडप
        यह सजीवता रही कहाँ?

आत्मीयता घुली उस घर में
        छोटा सा परिवार बना,
छाया एक मधुर स्वर उस पर
        श्रद्धा का संगीत बना।

"तुमुल कोलाहल कलह में
        मैं हृदय की बात रे मन!

विकल होकर नित्य चंचल,
खोजती जब नींद के पल;
चेतना थक सी रही तब,
मैं मलय की वात रे मन !

चिर विषाद विलीन मन की,
इस व्यथा के तिमिर वन की;
मैं उषा सी ज्योति रेखा,
कुसुम विकसित प्रात रे मन!

जहाँ मरु ज्वाला धधकती,
चातकी कन को तरसती;
उन्हीं जीवन घाटियों की,
मैं सरस बरसात रे मन!

पवन की प्राचीर में रुक,
जला जीवन जी रहा झुक;
इस झुलसते विश्व दिन की,
मैं कुसुम ऋतु रात रे मन!

चिर निराशा नीरधर से,
प्रतिच्छायित अश्रु सर में;
मधुप मुखर मरंद मुकुलित,
मैं सजल जलजात रे मन!"

उस स्वर लहरी के अक्षर सब
    संजीवन रस बने घुले,
उधर प्रभात हुआ प्राची में
    मनु के मुद्रित नयन खुले।

निर्वेद

श्रद्धा का अवलम्ब मिला फिर
कृतज्ञता से हृदय भरे,
मनु उठ बैठे गद्गद् होकर
बोले कुछ अनुराग भरे।

"श्रद्धा! तू आ गयी भला तो
पर क्या मैं था यहीं पड़ा!"
वही भवन, वे स्तम्भ, वेदिका!
बिखरी चारों ओर घृणा।

आँख बन्द कर लिया क्षोभ से
"दूर दूर ले चल मुझको,
इस भयावने अंधकार में
खो दूँ कहीं न फिर तुझको।

हाथ पकड़ ले, चल सकता हूँ
हाँ कि यही अवलम्ब मिले,
वह तू कौन? परे हट, श्रद्धे!
आ कि हृदय का कुसुम खिले।"

श्रद्धा नीरव सिर सहलाती
आँखों में विश्वास भरे,
मानो कहती 'तुम मेरे हो
अब क्यों कोई वृथा डरे!

जल पीकर कुछ स्वस्थ हुए से
लगे बहुत धीरे कहने,
"ले चल इस छाया के बाहर
मुझको दे न यहाँ रहने।

मुक्त नील नभ के नीचे या
   कहीं गुहा में रह लेंगे,
अरे झेलता ही आया हूँ
   जो आवेगा सह लेंगे।"

"ठहरो कुछ तो बल आने दो
   लिवा चलूँगी तुरत तुम्हें,
इतने क्षण तक" श्रद्धा बोली—
   "रहने देंगी क्या न हमें?"

इड़ा संकुचित उधर खड़ी थी
   यह अधिकार न छीन सकी,
श्रद्धा अविचल, मनु अब बोले
   उनकी वाणी नहीं रुकी।

"जब जीवन में साध भरी थी
   उच्छृंखल अनुरोध भरा,
अभिलाषाएँ भरीं हृदय में
   अपनेपन का बोध भरा।

मैं था, सुन्दर कुसुमों की वह
   सघन सुनहली छाया थी,
मलयानिल की लहर उठ रही
   उल्लासों की माया थी!

उषा अरुण प्याला भर लाती
   सुरभित छाया के नीचे,
मेरा यौवन पीता सुख से
   अलसाई आँखें मींचे।

निर्वेद

ले मकरन्द नया चू पड़ती
    शरद प्रात की शेफाली,
बिखरातीं सुख ही, संध्या की
    सुन्दर अलकें घुँघराली।

सहसा अंधकार की आँधी
    उठी क्षितिज से वेग भरी,
हलचल से विक्षुब्ध विश्व, थी
    उद्वेलित मानस लहरी।

व्यथित हृदय उस नीले नभ में
    छायापथ सा खुला तभी,
अपनी मंगलमयी मधुर स्मिति
    कर दी तुमने देवि! जभी।

दिव्य तुम्हारी अमर अमिट छवि
    लगी खेलने रंग रली,
नवल हेम लेखा सी मेरे
    हृदय निकष पर खिंची भली।

अरुणाचल मन मंदिर की वह
    मुग्ध माधुरी नव प्रतिमा;
लगी सिखाने स्नेह-मयी सी
    सुन्दरता की मृदु महिमा।

उस दिन तो हम जान सके थे
    सुन्दर किसको हैं कहते!
तब पहचान सके, किसके हित
    प्राणी यह दुख सुख सहते।

जीवन कहता यौवन से "कुछ
          देखा तू ने मतवाले;
यौवन कहता साँस लिये चल
          कुछ अपना सम्बल पा ले।

हृदय बन रहा था सीपी सा
          तुम स्वाती की बूँद बनीं,
मानस शतदल झूम उठा जब
          तुम उसमें मकरन्द बनीं।

तुमने इस सूखे पतझड़ में
          भर दी हरियाली कितनी,
मैंने समझा मादकता है
          तृप्ति बन गयी वह इतनी!

विश्व, कि जिसमें दुख की आँधी
          पीड़ा की लहरी उठती,
जिसमें जीवन मरण बना था
          बुदबुद की माया नचती।

वही शान्त उज्ज्वल मंगल सा
          दिखता था विश्वास भरा,
वर्षा के कदम्ब कानन सा
          सृष्टि विभव हो उठा हरा।

भगवति! वह पावन मधु धारा!
          देख अमृत भी ललचाए,
बही, रम्य सौंदर्य शैल से
          जिसमें जीवन धुल जाये।

संध्या अब ले जाती मुझसे
ताराओं की अकथ कथा,
नींद सहज ही ले लेती थी
सारे श्रम की विकल व्यथा।

सकल कुतूहल और कल्पना
उन चरणों से उलझ पड़ी,
कुसुम प्रसन्न हुए हँसते से
जीवन की वह धन्य घड़ी।

स्मिति मधुराका थी, श्वासों से
पारिजात कानन खिलता,
गति मरन्द-मन्थर मलयज सी
स्वर में वेणु कहाँ मिलता!

श्वास पवन पर चढ़ कर मेरे
दूरागत वंशी रव सी,
गूँज उठीं तुम, विश्व कुहर में
दिव्य रागिनी अभिनव सी।

जीवन जलनिधि के तल से जो
मुक्ता थे वे निकल पड़े,
जग-मंगल संगीत तुम्हारा
गाते मेरे रोम खड़े।

आशा की आलोक किरन से
कुछ मानस से ले मेरे,
लघु जलधर का सृजन हुआ था
जिसको शशि लेखा घेरे—

उस पर बिजली की माला सी
   झूम पड़ीं तुम प्रभा भरी,
और जलद वह रिमझिम बरसा
   मन वनस्थली हुई हरी।

तुमने हँस-हँस मुझे सिखाया
   विश्व खेल है खेल चलो,
तुमने मिलकर मुझे बताया
   सबसे करते मेल चलो।

यह भी अपने बिजली के से
   विभ्रम से संकेत किया,
अपना मन है, जिसको चाहा
   तब इसको दे दान दिया।

तुम अजस्र वर्षा सुहाग की
   और स्नेह की मधु रजनी,
चिर अतृप्ति जीवन यदि था तो
   तुम उसमें संतोष बनी।

कितना है उपकार तुम्हारा
   आश्रित मेरा प्रणय हुआ,
कितना आभारी हूँ, इतना
   संवेदनमय हृदय हुआ।

किन्तु अधम मैं समझ न पाया
   उस मंगल की माया को,
और आज भी पकड़ रहा हूँ
   हर्ष शोक की छाया को।

निर्वेद

मेरा सब कुछ क्रोध मोह के
 उपादान से गठित हुआ,
ऐसा ही अनुभव होता है
 किरनों ने अब तक न छुआ।

शापित सा मैं जीवन का यह
 ले कंकाल भटकता हूँ,
उसी खोखलेपन में जैसे
 कुछ खोजता अटकता हूँ।

अंध-तमस है, किन्तु प्रकृति का
 आकर्षण है खींच रहा,
सब पर, हाँ अपने पर भी मैं
 झुँझलाता हूँ खीझ रहा।

नहीं पा सका हूँ मैं जैसे
 जो तुम देना चाह रही,
क्षुद्र पात्र! तुम उसमें कितनी
 मधु धारा हो ढाल रही।

सब बाहर होता जाता है
 स्वगत उसे मैं कर न सका।
बुद्धि तर्क के छिद्र हुए थे,
 हृदय हमारा भर न सका।

यह कुमार मेरे जीवन का
 उच्च अंश, कल्याण कला!
कितना बड़ा प्रलोभन मेरा
 हृदय स्नेह बन जहाँ ढला।

सुखी रहे, सब सुखी रहें बस
            छोड़ो मुझ अपराधी को,"
श्रद्धा देख रही चुप मनु के
            भीतर उठती आँधी को।

दिन बीता रजनी भी आयी
            तंद्रा निद्रा संग लिये,
इड़ा कुमार समीप पड़ी थी
            मन की दबी उमंग लिये।

श्रद्धा भी कुछ खिन्न थकी सी
            हाथों को उपाधान किये,
पड़ी सोचती मन ही मन कुछ;
            मनु चुप सब अभिशाप पिये—

सोच रहे थे, "जीवन सुख है?
            ना, यह विकट पहेली है,
भाग अरे मनु! इन्द्रजाल से
            कितनी व्यथा न झेली है?

यह प्रभात की स्वर्ण किरन सी
            झिलमिल चंचल सी छाया,
श्रद्धा को दिखलाऊँ कैसे
            यह मुख या कलुषित काया।

और शत्रु सब, ये कृतघ्न फिर
            इनका क्या विश्वास करूँ,
प्रतिहिंसा प्रतिशोध दबा कर
            मन ही मन चुपचाप मरूँ।

श्रद्धा के रहते यह संभव
नहीं कि कुछ कर पाऊँगा,
तो फिर शांति मिलेगी मुझको
जहाँ, खोजता जाऊँगा।"

जगे सभी जब नव प्रभात में
देखें तो मनु वहाँ नहीं,
'पिता कहाँ' कह खोज रहा सा
वह कुमार अब शांत नहीं।

इड़ा आज अपने को सब से
अपराधी है समझ रही,
कामायनी मौन बैठी सी
अपने में ही उलझ रही।

◻◻◻

दर्शन

वह चन्द्रहीन थी एक रात,
जिसमें सोया था स्वच्छ प्रात;

उजले उजले तारक झलमल,
प्रतिबिम्बत सरिता वक्षस्थल,
धारा बह जाती बिम्ब अटल,
खुलता था धीरे पवन पटल,

चुपचाप खड़ी थी वृक्ष पाँत,
सुनती जैसे कुछ निजी बात।

धूमिल छायाएँ रहीं घूम,
लहरी पैरों को रही चूम;

"माँ! तू चल आयी दूर इधर,
संध्या कब की चल गयी उधर;
इस निर्जन में अब क्या सुन्दर–
तू देख रही, हाँ बस चल घर

उसमें से उठता गंध धूम"
श्रद्धा ने वह मुख लिया चूम।

"माँ! क्यों तू है इतनी उदास,
क्या मैं हूँ तेरे नहीं पास;

तू कई दिनों से यों चुप रह,
क्या सोच रही है? कुछ तो कह;
यह कैसा तेरा दुःख दुसह,
जो बाहर भीतर देता दह;

लेती ढीली सी भरी साँस,
जैसे होती जाती हताश।"

वह बोली "नील गगन अपार,
जिसमें अवनत धन सजल भार;

आते जाते, सुख दुख, दिशि, पल,
शिशु सा आता कर खेल अनिल,
फिर झलमल सुन्दर तारक दल,
नभ रजनी के जुगुनू अविरल;

यह विश्व अरे कितना उदार,
मेरा गृह रे उन्मुक्त द्वार।

यह लोचन गोचर सकल लोक,
संसृति के कल्पित हर्ष शोक;

भावोदधि से किरनों के मग;
स्वाती कन से बन भरते जग,
उत्थान पतन मय सतत सजग,
झरने झरते आलिंगित नग;

उलझन की मीठी रोक-टोक,
यह सब उसकी है नोक-झोंक।

जग, जगता आँखें किये लाल,
सोता ओढ़े तम नींद जाल;

सुरधुन सा अपना रंग बदल,
मृति, संसृति, नति, उन्नति में ढल;
अपनी सुषमा में यह झलमल,
इस पर खिलता झरता उडुदल;

अवकाश सरोवर का मराल,
कितना सुन्दर कितना विशाल!

इसके स्तर स्तर में मौन शान्ति,
शीतल अगाध है, ताप भ्रान्ति;

परिवर्तन मय यह चिर मङ्गल,
मुस्क्याते इसमें भाव सकल;
हँसता है इसमें कोलाहल,
उल्लास भरा सा अन्तस्तल;

मेरा निवास अति मधुर कान्ति,
यह एक नीड़ है सुखद शान्ति।"

"अम्बे फिर क्यों इतना विराग,
मुझ पर न हुई क्यों सानुराग?"

पीछे मुड़ श्रद्धा ने देखा,
वह इड़ा मलिन छबि की रेखा;
ज्यों राहुग्रस्त सी शशि लेखा,
जिस पर विषाद की विष रेखा;

कुछ ग्रहण कर रहा दीन त्याग,
सोया जिसका है भाग्य, जाग।

दर्शन

बोली "तुमसे कैसी विरक्ति,
तुम जीवन की अन्धानुरक्ति;

            मुझसे बिछुड़े को अवलम्बन,
            देकर, तुमने रक्खा जीवन;
            तुम आशामयि! चिर आकर्षण,
            तुम मादकता की अवनत धन;

मनु के मस्तक की चिर अतृप्ति,
तुम उत्तेजित चंचला शक्ति!

मैं क्या दे सकती तुम्हे मोल,
यह हृदय! अरे दो मधुर बोल;

            मैं हँसती हूँ रो लेती हूँ,
            मै पाती हूँ खो देती हूँ;
            इससे ले उसको देती हूँ,
            मैं दुख को सुख कर लेती हूँ;

अनुराग भरी हूँ मधुर बोल,
चिर विस्मृति सी हूँ रही डोल।

यह प्रभु पूर्ण तव मुख निहार,
मनु हत चेतन थे एक बार;

            नारी माया ममता का बल,
            वह शक्तिमयी छाया शीतल;
            फिर कौन क्षमा कर दे निश्छल,
            जिससे यह धन्य बने भूतल;

'तुम क्षमा करोगी' यह विचार,
मैं छोड़ूँ कैसे साधिकार।"

"अब मैं रह सकती नहीं मौन,
अपराधी किन्तु यहाँ न कौन?

सुख-दुख जीवन में सब सहते,
पर केवल सुख अपना कहते;
अधिकार न सीमा में रहते,
पावस निर्झर से वे बहते;

रोके फिर उनको भला कौन?
सब को वे कहते—'शत्रु हो न!'

अग्रसर हो रही यहाँ फूट,
सीमाएँ कृत्रिम रहीं टूट;

श्रम भाग वर्ग बन गया जिन्हें,
अपने बल का है गर्व उन्हें;
नियमों की करनी सृष्टि जिन्हें,
विप्लव की करनी वृष्टि उन्हें;

सब पिये मत्त लालसा घूँट,
मेरा साहस अब गया छूट।

मैं जनपद-कल्याणी प्रसिद्ध,
अब अवनति कारण हूँ निषिद्ध,

मेरे सुविभाजन हुए विषम,
टूटते, नित्य बन रहे नियम;
नाना केन्द्रों में जलधर सम,
घिर हट, बरसे ये उपलोपम;

यह ज्वाला इतनी है समिद्ध,
आहुति बस चाह रही समृद्ध।

तो क्या मैं भ्रम में थी नितान्त,
संहार - बध्य असहाय दान्त;

प्राणी विनाश मुख में अविरल,
चुपचाप चलें होकर निर्बल!
संघर्ष कर्म का मिथ्या बल,
ये शक्ति चिह्न, ये यज्ञ विफल;

भय की उपासना! प्रणति भ्रान्त!
अनुशासन की छाया अशान्त!

तिस पर मैंने छीना सुहाग,
हे देवि! तुम्हारा दिव्य राग;

मैं आज अकिंचन पाती हूँ;
अपने को नहीं सुहाती हूँ;
मैं जो कुछ भी स्वर गाती हूँ,
वह स्वयं नहीं सुन पाती हूँ;

दो क्षमा, न दो अपना विराग,
सोयी चेतनता उठे जाग।"

"हे रुद्र रोष अब तक अशान्त",
श्रद्धा बोली, "बन विषम ध्वान्त!

सिर चढ़ी रही! पाया न हृदय,
तू विकल कर रही है अभिनय;
अपनापन चेतन का सुखमय,
खो गया, नहीं आलोक उदय;

सब अपने पथ पर चले श्रान्त,
प्रत्येक विभाजन बना भ्रान्त।

जीवन धारा सुन्दर प्रवाह,
सत, सतत, प्रकाश सुखद अथाह;

ओ तर्कमयी! तू गिने लहर,
प्रतिबिम्बत तारा पकड़, ठहर;
तू रुक-रुक देखे आठ पहर,
वह जड़ता की स्थिति भूल न कर;

सुख दुख का मधुमय धूप छाँह,
तू ने छोड़ी यह सरल राह।

चेतनता का भौतिक विभाग—
कर, जग को बाँट दिया विराग;

चिति का स्वरूप यह नित्य जगत,
वह रूप बदलता है शत-शत;
कण विरह मिलन मय नृत्य निरत,
उल्लासपूर्ण आनन्द सतत;

तल्लीन पूर्ण है एक राग,
झंकृत है केवल 'जाग-जाग!'

मैं लोक अग्नि में तप नितान्त,
आहुति प्रसन्न देती प्रशान्त;

तू क्षमा न कर कुछ चाह रही,
जलती छाती की दाह रही;
तो ले ले जो निधि पास रही,
मुझको बस अपनी राह रही;

रह सौम्य! यही; हो सुखद प्रान्त,
विनिमय कर देकर कर्म कान्त।

तुम दोनों देखो राष्ट्र नीति,
शासक बन फैलाओ न भीति;
मैं अपने मनु को खोज चली,
सरिता मरु नग या कुंज गली;
वह भोला इतना नहीं छली!
मिल जायेगा, हूँ प्रेम पली;
तब देखूँ कैसी चली रीति,
मानव! तेरी हो सुयश गीति।"

बोला बालक "ममता न तोड़,
जननी! मुझसे मुँह यों न मोड़;
तेरी आज्ञा का कर पालन,
वह स्नेह सदा करता लालन–
मैं मरूँ जिऊँ पर छूटे न प्रन,
वरदान बने मेरा जीवन!
जो मुझको तू यों चली छोड़,
तो मुझे मिले फिर यही क्रोड़!"

"हे सौम्य! इड़ा का शुचि दुलार,
हर लेगा तेरा व्यथा भार;
यह तर्कमयी तू श्रद्धामय,
तू मननशील कर कर्म अभय;
इसका तू सब संताप निचय,
हर ले, हो मानव भाग्य उदय;
सब की समरसता कर प्रचार,
मेरे सुत! सुन माँ की पुकार।"

"अति मधुर वचन विश्वास मूल,
मुझको न कभी ये जायँ भूल;

हे देवि! तुम्हारा स्नेह प्रबल,
वन दिव्य श्रेय-उद्गम अविरल;
आकर्षण घन सा वितरे जल,
निर्वासित हों संताप सकल!"

कह इड़ा प्रणत ले चरण धूल,
पकड़ा कुमार-कर मृदुल फूल।

वे तीनों ही क्षण एक मौन,
विस्मृत से थे, हम कहाँ, कौन!

विच्छेद बाह्य, था आलिंगन—
वह हृदयों का, अति मधुर मिलन;
मिलते आहत होकर जलकन,
लहरों का यह परिणत जीवन;

दो लौट चले पुर ओर मौन,
जब दूर हुए तब रहे दो न;

निस्तब्ध गगन था, दिशा शान्त
वह था असीम का चित्र कान्त।

कुछ शून्य बिन्दु उर के ऊपर,
व्यथिता रजनी के श्रम सीकर;
झलके कब से पर पड़े न झर,
गंभीर मलिन छाया भू पर।

सरिता तट तरु का क्षितिज प्रान्त,
केवल बिखेरता दीन ध्वान्त।

दर्शन

शत-शत तारा मंडित अनन्त
कुसुमों का स्तवक खिला बसन्त ,

हँसता ऊपर का विश्व मधुर ,
हलके प्रकाश से पूरित उर ;
बहती माया सरिता ऊपर ,
उठती किरणों की लोल लहर ;

निचले स्तर पर छाया दुरन्त ,
आती चुपके, जाती तुरन्त ।

सरिता का वह एकान्त कूल ,
था पवन हिंडोले रहा झूल ;

धीरे-धीरे लहरों का दल ,
तट से टकरा होता ओझल ;
छप छप का होता शब्द विरल ,
थर-थर कँप रहती दीप्ति तरल ;

संसृति अपने में रही भूल ,
वह गन्ध विधुर अम्लान फूल ।

तब सरस्वती सा फेंक साँस ,
श्रद्धा ने देखा आस पास ;

थे चमक रहे दो खुले नयन ,
ज्यों शिलालग्न अनगढ़े रतन ;
यह क्या तम में करता सनसन ?
धारा का ही क्या यह निस्वन !

ना, गुहा लतावृत एक पास ,
कोई जीवित ले रहा साँस !

वह निर्जन तट था एक चित्र,
क़ितना सुन्दर, कितना पवित्र!

कुछ उन्नत थे वे शैल शिखर,
फिर भी ऊँचा श्रद्धा का सिर;
वह लोक अग्नि में तप गल कर,
थी ढली स्वर्ण प्रतिमा बन कर;

मनु ने देखा कितना विचित्र!
वह मातृ मूर्ति थी विश्व मित्र।

बोले "रमणी तुम नहीं आह।
जिसके मन में हो भरी चाह;

तुमने अपना सब कुछ खोकर,
वंचिते! जिसे पाया रोकर;
मैं भगा प्राण जिनसे लेकर,
उसको भी, उन सब को देकर;

निर्दय मन क्या न उठा कराह?
अद्भुत है तब मन का प्रवाह!

ये श्वापद से हिंसक अधीर,
कोमल शावक वह बाल वीर;

सुनता था वह वाणी शीतल,
कितना दुलार कितना निर्मल?
कैसा कठोर है तव हृत्तल?
वह इड़ा कर गई फिर भी छल;

तुम बनी रही हो अभी धीर,
छुट गया हाथ से आह तीर!"

दर्शन

"प्रिय! अब तकहो इतने सशंक,
देकर कुछ कोई नहीं रंक,

यह विनिमय है या परिवर्तन,
बन रहा तुम्हारा ऋण अब धन;
अपराध तुम्हारा वह बंधन—
लो बना मुक्ति, अब छोड़ स्वजन—

निर्वासित तुम, क्यों लगे डंक?
दो लो प्रसन्न, यह स्पष्ट अंक।"

"तुम देवि! आह कितनी उदार,
यह मातृमूर्ति है निर्विकार;

हे सर्वमंगले! तुम महती,
सबका दुख अपने पर सहती;
कल्याण मयी वाणी कहती,
तुम क्षमा निलय में हो रहती;

मैं भूला हूँ तुमको निहार,
नारी सा ही! वह लघु विचार।

मैं इस निर्जन तट में अधीर,
सह भूख व्यथा तीखा समीर;

हाँ भाव चक्र में पिस-पिस कर,
चलता ही आया हूँ बढ़ कर;
इनके विकार सा ही बन कर,
मैं शून्य बना सत्ता खोकर;

लघुता मत देखो वक्ष चीर,
जिसमें अनुशय बन घुसा तीर।"

"प्रियतम! यह नत निस्तब्ध रात,
है स्मरण कराती विगत बात;

वह प्रलय शान्ति वह कोलाहल,
जब अर्पित कर जीवन संबल;
मैं हुई तुम्हारी थी निश्छल,
क्या भूलूँ, मैं, इतनी दुर्बल?

तब चलो जहाँ पर शान्ति प्रात,
मैं नित्य तुम्हारी, सत्य बात।

इस देव द्वन्द्व का वह प्रतीक—
मानव! कर ले सब भूल ठीक;

यह विष जो फैला महा विषम,
निज कर्मोन्नति से करते सम;
सब मुक्त बनें, काटेंगे भ्रम,
उनका रहस्य हो शुभ संयम;

गिर जायेगा जो है अलीक,
चल कर मिटती है पड़ी लीक।"

वह शून्य असत या अंधकार,
अवकाश पटल का वार-पार;

बाहर-भीतर उन्मुक्त सघन,
था अचल महा नीला अंजन;
भूमिका बनी वह स्निग्ध मलिन,
थे निर्निमेष मनु के लोचन;

इतना अनन्त था शून्य सार,
दीखता न जिसके परे पार।

दर्शन

सत्ता का स्पन्दन चला डोल,
आवरण पटल की ग्रन्थि खोल;

तम जलनिधि का बन मधु मंथन,
ज्योत्स्ना सरिता का आलिंगन;
वह रजत गौर, उज्ज्वल जीवन,
आलोक पुरुष! मङ्गल चेतन!

केवल प्रकाश का था कलोल,
मधु किरनों की थी लहर लोल।

बन गया तमस था अलक जाल,
सर्वांग ज्योतिमय था विशाल;

अन्तर्निनाद ध्वनि से पूरित,
थी शून्य-भेदिनी सत्ता चित्;
नटराज स्वयं थे नृत्य निरत,
था अंतरिक्ष प्रहसित मुखरित,

स्वर लय होकर दे रहे ताल,
थे लुप्त हो रहे दिशाकाल।

लीला का स्पन्दित आह्लाद,
वह प्रभा पुंज चितिमय प्रसाद;

आनन्द पूर्ण ताण्डव सुन्दर,
झरते थे उज्ज्वल श्रम सीकर;
बनते तारा, हिमकर दिनकर,
उड़ रहे धूलि कण से भूधर;

संहार सृजन से युगल पाद—
गतिशील, अनाहत हुआ नाद।

बिखरे असंख्य ब्रह्माण्ड गोल,
युग त्याग ग्रहण कर रहे तोल;

विद्युत कटाक्ष चल गया किधर,
कंपित संसृति बन रही उधर,
चेतन परमाणु अनन्त बिखर,
बनते विलीन होते क्षण भर;

यह विश्व झूलता महा दोल,
परिवर्तन का पट रहा खोल।

उस शक्ति शरीरी का प्रकाश,
सब शाप पाप का कर विनाश—

नर्तन में निरत, प्रकृति गल कर,
उस कान्ति सिन्धु में घुलमिल कर;
अपना स्वरूप धरती सुन्दर,
कमनीय बना था भीषणतर,

हीरक गिरि पर विद्युत विलास,
उल्लसित महा हिम धवल हास।

देखा मनु ने नर्तित नटेश,
हत चेत पुकार उठे विशेष;

"यह क्या! श्रद्धे! बस तू ले चल,
उन चरणों तक, दे निज संबल;
सब पाप पुण्य जिसमें जल जल,
पावन बन जाते हैं निर्मल;

मिटते असत्य से ज्ञान लेश,
समरस अखंड आनन्द वेश!"

रहस्य

ऊर्ध्व देश उस नील तमस में
स्तब्ध हो रही अचल हिमानी;
पथ थक कर है लीन, चतुर्दिक
देख रहा वह गिरि अभिमानी।

दोनों पथिक चले हैं कब से
ऊँचे ऊँचे चढ़ते चढ़ते;
श्रद्धा आगे मनु पीछे थे
साहस उत्साही से बढ़ते।

पवन वेग प्रतिकूल उधर था
कहता, 'फिर जा अरे बटोही!
किधर चला तू मुझे भेद कर!
प्राणों के प्रति क्यों निर्मोही?'

छूने को अम्बर मचली सी
बढ़ी जा रही सतत उँचाई;
विक्षत उसके अंग, प्रगट थे
भीषण खड्ड भयकरी खाई।

रवि कर हिम खंडों पर पड़ कर
हिमकर कितने नये बनाता;
द्रुततर चक्कर काट पवन भी
फिर से वहीं लौट आ जाता।

नीचे जलधर दौड़ रहे थे
सुन्दर सुर-धनु माला पहने;
कुञ्जर-कलभ सदृश इठलाते
चमकाते चपला के गहने।

प्रवहमान थे निम्न देश में
शीतल शत शत निर्झर ऐसे;
महा श्वेत गजराज गण्ड से
बिखरीं मधु धाराएँ जैसे।

हरियाली जिनकी उभरी, वे
समतल चित्रपटी से लगते;
प्रतिकृतियों के वाह्य रेख से
स्थिर, नद जो प्रति पल थे भगते।

लघुतम वे सब जो वसुधा पर
ऊपर महाशून्य का घेरा;
उँचे चढ़ने की रजनी का
यहाँ हुआ जा रहा सबेरा।

"कहाँ ले चली हो अब मुझको
श्रद्धे! मैं थक चला अधिक हूँ;
साहस छूट गया है मेरा
निस्संबल भग्नाश पथिक हूँ।

लौट चलो, इस वात-चक्र से
मैं दुर्बल अब लड़ न सकूँगा;
श्वास रुद्ध करने वाले इस
शीत पवन से अड़ न सकूँगा।

रहस्य

मेरे, हाँ वे सब मेरे थे
जिन से रूठ चला आया हूँ;
वे नीचे छूटे सुदूर, पर
भूल नहीं उनको पाया हूँ।"

वह विश्वास भरी स्मिति निश्छल
श्रद्धा-मुख पर झलक उठी थी;
सेवा कर-पल्लव में उसके
कुछ करने को ललक उठी थी।

दे अवलंब, विकल साथी को
कामायनी मधुर स्वर बोली;
"हम बढ़ दूर निकल आये अब
करने का अवसर न ठिठोली!

दिशा विकम्पित, पल असीम है
यह अनंत सा कुछ ऊपर है;
अनुभव करते हो, बोलो क्या
पदतल में सचमुच भूधर है?

निराधार हैं, किन्तु ठहरना
हम दोनों को आज यहीं है;
नियति खेल देखूँ न, सुनो अब
इसका अन्य उपाय नहीं है।

झाँई लगती जो, वह तुमको
ऊपर उठने को है कहती;
इस प्रतिकूल पवन धक्के को
झोंक दूसरी ही आ सहती!

श्रांत पक्ष, कर नेत्र बंद बस
विहग युगल से आज हम रहें;
शून्य, पवन बन पंख हमारे
हमको दें आधार, जम रहें।

घबराओ मत! यह समतल है
देखो तो, हम कहाँ आ गये।"
मनु ने देखा आँख खोल कर
जैसे कुछ कुछ त्राण पा गये।

ऊष्मा का अभिनव अनुभव था
ग्रह, तारा, नक्षत्र अस्त थे;
दिवा रात्रि के संधि काल में
ये सब कोई नहीं व्यस्त थे।

ऋतुओं के स्तर हुए तिरोहित
भू-मंडल रेखा विलीन सी;
निराधार उस महादेश में
उदित सचेतनता नवीन सी।

त्रिदिक् विश्व, आलोक बिन्दु भी
तीन दिखाई पड़े अलग वे;
त्रिभुवन के प्रतिनिधि थे मानो
वे अनमिल थे किंतु सजग थे।

मनु ने पूछ, "कौन नये ग्रह
ये हैं, श्रद्धे! मुझे बताओ?
मैं किस लोक बीच पहुँचा, इस
इंद्रजाल से मुझे बचाओ

इस त्रिकोण के मध्य बिन्दु तुम
शक्ति विपुल क्षमतावाले ये।
एक-एक को स्थिर हो देखो
इच्छा, ज्ञान, क्रिया वाले ये।

वह देखो रागारुण है जो
ऊषा के कंदुक सा सुन्दर;
छायामय कमनीय कलेवर
भाव - मयी प्रतिमा का मंदिर।

शब्द, स्पर्श, रस, रूप, गंध की
पारदर्शिनी सुघड़ पुतलियाँ;
चारों ओर नृत्य करतीं ज्यों
रूपवती रंगीन तितलियाँ!

इस कुसुमाकर के कानन के
अरुण पराग पटल छाया में;
इठलातीं सोतीं जगतीं ये
अपनी भाव भरी माया में।

वह संगीतात्मक ध्वनि इनकी
कोमल अँगड़ाई है लेती;
मादकता की लहर उठा कर
अपना अंबर तर कर देती।

आलिंगन सी मधुर प्रेरणा
छू लेती, फिर सिहरन बनती;
नव अलम्बुषा की व्रीड़ा सी
खुल जाती है, फिर जा मुँदती।

यह जीवन की मध्यभूमि है
रस धारा से सिंचित होती;
मधुर लालसा की लहरों से
यह प्रवाहिका स्पंदित होती।

जिसके तट पर विद्युत कण से
मनोहारिणी आकृति वाले;
छायामय सुषमा में विह्वल
विचर रहे सुन्दर मतवाले।

सुमन संकुलित भूमि रंध्र से
मधुर गंध उठती रस भीनी;
वाष्प अदृश्य फुहारे इसमें
छूट रहे, रस बूंदें झीनी।

घूम रही है यहाँ चतुर्दिक्
चल चित्रों सी संसृति छाया;
जिस आलोक विन्दु को घेरे
वह बैठी मुस्क्याती माया।

भाव चक्र यह चला रही है
इच्छा की रथ नाभि - घूमती;
नव रस भरी अराएँ अविरल
चक्रवाल को चकित चूमतीं।

यहाँ मनोमय विश्व कर रहा
रागारुण चेतन उपासना;
माया राज्य! यही परिपाटी
पाश बिछा कर जीव फाँसना।

ये अशरीरी रूप, सुमन से
केवल वर्ण गंध में फूले;
इन अप्सरियों की तानों के
मचल रहे हैं सुन्दर झूले।

भाव भूमिका इसी लोक की
जननी है सब पुण्य पाप की;
ढलते सब, स्वभाव प्रतिकृति बन
गल ज्वाला से मधुर ताप की।

नियममयी उलझन लतिका का
भाव विपट से आकर मिलना;
जीवन वन की बनी समस्या
आशा नभकुसुमों का खिलना।

चिर-वसंत का यह उद्गम है
पतझर होता एक ओर है;
अमृत हलाहल यहाँ मिले हैं
सुख-दुख बँधते, एक डोर हैं।"

"सुन्दर यह तुमने दिखलाया
किन्तु कौन वह श्याम देश है?
कामायनी! बताओ उसमें
क्या रहस्य रहता विशेष है?"

"मनु यह श्यामल कर्म लोक है
धुँधला कुछ कुछ अंधकार सा;
सघन हो रहा अविज्ञात यह
देश मलिन है धूम धार सा।

कर्म-चक्र सा घूम रहा है
यह गोलक, बन नियति प्रेरणा;
सब के पीछे लगी हुई है
कोई व्याकुल नयी एषणा।

श्रममय कोलाहल, पीड़नमय
विकल प्रवर्त्तन महायंत्र का;
क्षण भर भी विश्राम नहीं है
प्राण दास है क्रिया तंत्र का।

भाव राज्य के सकल मानसिक
सुख यों दुख में बदल रहे हैं;
हिंसा गर्वोन्नत हारों में
ये अकड़े अणु टहल रहे हैं।

ये भौतिक संदेह कुछ करके
जीवित रहना यहाँ चाहते;
भाव राष्ट्र के नियम यहाँ पर
दण्ड बने हैं, सब कराहते।

करते हैं, संतोष नहीं है
जैसे कशाघात प्रेरित से—
प्रति क्षण करते ही जाते हैं
भीति विवश ये सब कंपित से।

नियति चलाती कर्म चक्र यह
तृष्णा जनित ममत्व वासना;
पाणि-पादमय पंचभूत की
यहाँ हो रही है उपासना।

यहाँ सतत संघर्ष, विफलता
कोलाहल का यहाँ राज है;
अंधकार में दौड़ लग रही
मतवाला यह सब समाज है।

स्थूल हो रहे रूप बना कर
कर्मों की भीषण परिणति है;
आकांक्षा की तीव्र पिपासा!
ममता की यह निर्म्मम गति है।

यहाँ शासनादेश घोषणा
विजयों की हुंकार सुनाती;
यहाँ भूख से विकल दलित को
पदतल में फिर-फिर गिरवाती।

यहाँ लिये दायित्व कर्म का
उन्नति करने के मतवाले;
जला-जला कर फूट पड़ रहे
ढुल कर बहने वाले छाले।

यहाँ राशिकृत विपुल विभव सब
मरीचिका से दीख पड़ रहे;
भाग्यवान बन क्षणिक भोग के
ये विलीन, ये पुनः गड़ रहे।

बड़ी लालसा यहाँ सुयश की
अपराधों की स्वीकृति बनती;
अंध प्रेरणा से परिचालित
कर्त्ता में करते निज गिनती।

प्राण तत्व की सघन साधना
जल, हिम उपल यहाँ है बनता;
प्यासे घायल हो जल जाते
मर मर कर जीते ही बनता।

यहाँ नील लोहित ज्वाला कुछ
जला गला कर नित्य ढालती;
चोट सहन कर रुकने वाली
धातु, न जिसको मृत्यु सालती।

वर्षा के धन नाद कर रहे
तट कूलों को सहज गिराती;
प्लावित करती वन कुञ्जों को
लक्ष्य प्राप्ति सरिता बह जाती।"

"बस! अब और न इसे दिखा तू
यह अति भीषण कर्म जगत है;
श्रद्धे! वह उज्जवल कैसा है
जैसे पुञ्जीभूत रजत है।"

"प्रियतम! यह तो ज्ञान क्षेत्र है
सुख दुख से है उदासीनता;
यहाँ न्याय निर्मम, चलता है
बुद्धि चक्र, जिसमें न दीनता।

अस्ति नास्ति का भेद, निरंकुश
करते ये अणु तर्क युक्ति से;
ये निस्संग, किन्तु कर लेते
कुछ सम्बन्ध-विधान मुक्ति से।

रहस्य

यहाँ प्राप्य मिलता है केवल
तृप्ति नहीं, कर भेद बाँटती;
बुद्धि, विभूति सकल सिकता सी
प्यास लगी है ओस चाटती।

न्याय, तपस, ऐश्वर्य में पगे
ये प्राणी चमकीले लगते;
इस निदाघ मरु में, सूखे से
स्रोतों के तट जैसे जगते।

मनोभाव से काय-कर्म के
समतोलन में दत्त चित्त से;
ये निस्पृह न्यायसन वाले
चूक न सकते तनिक वित्त से।

अपना परिमित पात्र लिये ये
बूँद बूँद वाले निर्झर से;
माँग रहे हैं जीवन का रस
बैठ यहाँ पर अजर अमर से।

यहाँ विभाजन धर्म तुला का
अधिकारों की व्याख्या करता;
यह निरीह, पर कुछ पाकर ही
अपनी ढीली साँसें भरता।

उत्तमता इनका निजस्व है
अम्बुज वाले सर सा देखो;
जीवन-मधु एकत्र कर रहीं
उन ममाखियों सा बस लेखो।

यहाँ शरद की धवल ज्योत्स्ना
अंधकार को भेद निखरती;
यह अनवस्था, युगल मिले से
विकल व्यवस्था सदा बिखरती।

देखो वे सब सौम्य बने हैं
किन्तु सशंकित हैं दोषों से;
वे संकेत दंभ के चलते
भ्रू चालन मिस परितोषों से।

यहाँ अछूत रहा जीवन रस
छूओ मत संचित होने दो;
बस इतना ही भाग तुम्हारा
तृषा! मृषा, वंचित होने दो।

सामंजस्य चले करने ये
किन्तु विषमता फैलाते हैं;
मूल स्वत्व कुछ और बताते
इच्छाओं को झुठलाते हैं।

यही त्रिपुर है देखा तुमने
तीन बिन्दु ज्योतिर्मय इतने;
अपने केन्द्र बने दुख सुख में
भिन्न हुए हैं ये सब कितने!

ज्ञान दूर कुछ, क्रिया भिन्न है
इच्छा क्यों पूरी हो मन की;
एक-दूसरे से न मिल सके
यह विडम्बना है जीवन की।"

महा ज्योति रेखा सी बनकर
श्रद्धा की स्मिति दौड़ी उनमें;
वे सम्बद्ध हुए फिर सहसा
जाग उठी थी ज्वाला जिनमें।

नीचे ऊपर लचकीली वह
विषय वायु में धधक रही सी;
महाशून्य में ज्वाल सुनहली,
सब को कहती 'नहीं नहीं' सी।

शक्ति तरंग प्रलय पावक का
उस त्रिकोण में निखर उठा सा;
शृंग और डमरू निनाद बस
सकल विश्व में बिखर उठा सा।

चितिमय चिता धधकती अविरल
महाकाल का विषम नृत्य था;
विश्व रंध्र ज्वाला से भर कर
करता अपना विषम कृत्य था।

स्वप्न, स्वाप, जागरण भस्म हो
इच्छा क्रिया ज्ञान मिल लय थे;
दिव्य अनाहत पर निनाद में
श्रद्धायुत मनु बस तन्मय थे।

◼◼◼

आनंद

चलता था धीरे-धीरे
वह एक यात्रियों का दल;
सरिता के रम्य पुलिन में
गिरि पथ से, ले निज संबल।

था सोम लता से आवृत
वृष धवल धर्म का प्रतिनिधि;
घंटा बजता तालों में
उसकी थी मंथर गति विधि।

वृष रज्जु वाम कर में था
दक्षिण त्रिशूल से शोभित;
मानव था साथ उसी के
मुख पर था तेज अपरिमित।

केहरि किशोर से अभिनव
अवयव प्रस्फुटित हुए थे;
यौवन गंभीर हुआ था
जिसमें कुछ भाव नये थे।

चल रही इड़ा भी वृष के
दूसरे पार्श्व में नीरव;
गैरिक वसना संध्या सी
जिसके चुप थे सब कलरव।

उल्लास रहा युवकों का
शिशु गण का था मृदु कलकल;
महिला मंगल गानों से
मुखरित था वह यात्री दल।

चमरों पर बोझ लदे थे
वे चलते थे मिल अविरल;
कुछ शिशु भी बैठ उन्हीं पर
अपने ही बने कुतूहल।

माताएँ पकड़े उनको
बातें थीं करती जातीं।
'हम कहाँ चल रहे' यह सब
उनको विधिवत समझातीं।

कह रहा एक था "तू तो
कब से ही सुना रही है—
अब आ पहुँची लो देखो
आगे वह भूमि यही है।

पर बढ़ती ही चलती है
रुकने का नाम नहीं है;
वह तीर्थ कहाँ है कह तो
जिसके हित दौड़ रही है।"

"वह अगला समतल जिस पर
है देवदारु का कानन;
धन अपनी प्याली भरते
ले जिसके दल से हिमकन।

हाँ इसी ढालवें को जब
बस सहज उतर जावें हम;
फिर सम्मुख तीर्थ मिलेगा
वह अति उज्जवल पावनतम।"

वह इड़ा समीप पहुँच कर
बोला उसको रुकने को;
बालक था, मचल गया था
कुछ और कथा सुनने को।

वह अपलक लोचन अपने
पादाग्र विलोकन करती;
पथ प्रदर्शिका सी चलती
धीरे धीरे डग भरती।

बोली, "हम जहाँ चले हैं
वह है जगती का पावन—
साधना प्रदेश किसी का
शीतल अति शांत तपोवन।"

"कैसा? क्यों शांत तपोवन?
विस्तृत क्यों नहीं बताती,"
बालक ने कहा इड़ा से
वह बोली कुछ सकुचाती।

"सुनती हूँ एक मनस्वी
था वहाँ एक दिन आया;
वह जंगली की ज्वाला से
अति विकल रहा झुलसाया।

उसकी वह जलन भयानक
फैली गिरि अंचल में फिर;
दावाग्नि प्रखर लपटों ने
कर दिया सघन वन अस्थिर।

थी अर्धांगिनी उसी की
जो उसे खोजती आयी;
यह दशा देख, करुणा की—
वर्षा दृग में भर लायी।

वरदान बने फिर उसके
आँसू, करते जग मङ्गल;
सब ताप शांत होकर, बन
हो गया हरित सुख शीतल।

गिरि निर्झर चले उछलते
छायी फिर से हरियाली;
सूखे तरु कुछ मुसक्याये
फूटी पल्लव में लाली।

वे युगल वहीं अब बैठे
संसृति की सेवा करते;
संतोष और सुख देकर
सब की दुख ज्वाला हरते।

है वहाँ महाह्रद निर्मल
जो मन की प्यास बुझाता;
मानस उसको कहते हैं
सुख पाता जो है जाता।"

"तो यह वृष क्यों तू यों ही
वैसे ही चला रही है;
क्यों बैठ न जाती इस पर
अपने को थका रही है?"

"सारस्वत नगर निवासी
हम आये यात्रा करने;
यह व्यर्थ रिक्त जीवन घट
पीयूष सलिल से भरने।

इस वृषभ धर्म प्रतिनिधि को
उत्सर्ग करेंगे जाकर;
चिर मुक्त रहे यह निर्भय
स्वच्छंद सदा सुख पाकर।"

सब सम्हल गये थे आगे
थी कुछ नीची उतराई;
जिस समतल घाटी में, वह
थी हरियाली से छाई।

श्रम, ताप और पथ पीड़ा
क्षण भर में थे अंतर्हित;
सामने विराट धवल नग
अपनी महिमा से विलसित।

उसकी तलहटी मनोहर
श्यामल तृण वीरुध वाली;
नव कुंज, गुहा गृह सुन्दर
ह्रद से भर रही निराली।

वह मंजरियों का कानन
कुछ अरुण पीत हरियाली,
प्रति पर्व सुमन संकुल थे
छिप गई उन्हीं में डाली।

यात्री दल ने रुक देखा
मानस का दृश्य निराला
खग मृग को अति सुखदायक
छोटा सा जगत उजाला।

मरकत की वेदी पर ज्यों
रक्खा हीरे का पानी;
छोटा सा मुकुर प्रकृति का
या सोयी राका रानी।

दिनकर गिरि के पीछे अब
हिमकर था चढ़ा गगन में;
कैलास प्रदोष प्रभा में
स्थिर बैठा किसी लगन में।

संध्या समीप आयी थी
उस सर के, वल्कल वसना
तारों से अलक गुँथी थी
पहने कदंब की रसना।

खग कुल किलकार रहे थे
कलहंस कर रहे कलरव;
किन्नरियाँ बनीं प्रतिध्वनि
लेती थीं तानें अभिनव।

मनु बैठे ध्यान निरत थे
उस निर्मल मानस तट में;
सुमनों की अंजलि भर कर
श्रद्धा थी खड़ी निकट में।

श्रद्धा ने सुमन बिखेरा
शत शत मधुपों का गुंजन;
भर उठा मनोहर नभ में
मनु तन्मय बैठे उन्मन।

पहचान लिया था सब ने
फिर कैसे अब वे रुकते;
वह देव-द्वन्द्व द्युतिमय था
फिर क्यों न प्रणति में झुकते।

तब वृषभ सोमवाही भी
अपनी घंटा-ध्वनि करता;
बढ़ चला इड़ा के पीछे
मानव भी था डग भरता।

हाँ इड़ा आज भूली थी
पर क्षमा न चाह रही थी;
वह दृश्य देखने को निज
दृग युगल सराह रही थी।

चिर मिलित प्रकृति से पुलकित
वह चेतन पुरुष पुरातन;
निज शक्ति तरंगायित था
आनंद-अंबु-निधि शोभन।

भर रहा अंक श्रद्धा का
मानव उसको अपना कर;
था इड़ा शीश चरणों पर,
वह पुलक भरी गद्गद स्वर—

बोली—"मैं धन्य हुई हूँ
जो यहाँ भूल कर आयी;
हे देवि! तुम्हारी ममता
बस मुझे खींचती लायी

भगवति, समझी मैं! सचमुच
कुछ भी न समझ थी मुझको;
सब को ही भुला रही थी
अभ्यास यही था मुझको।

हम एक कुटुम्ब बना कर
यात्रा करने हैं आये;
सुन कर यह दिव्य तपोवन
जिसमें सब अध छुट जाये।"

मनु ने कुछ कुछ मुसक्या कर
कैलास ओर दिखलाया;
बोले "देखो कि यहाँ पर
कोई भी नहीं पराया।

हम अन्य न और कुटुम्बी
हम केवल एक हमीं हैं;
तुम सब मेरे अवयव हो
जिसमें कुछ नहीं कमी है।

शापित न यहाँ है कोई
तापित पापी न यहाँ है ;
जीवन वसुधा समतल है
समरस है जो कि जहाँ है।

चेतन समुद्र में जीवन
लहरों सा बिखर पड़ा है ;
कुछ छाप व्यक्तिगत, अपना
निर्मित आकार खड़ा है।

इस ज्योत्स्ना के जलनिधि में
बुद्बुद् सा रूप बनाये ;
नक्षत्र दिखाई देते
अपनी आभा चमकाये।

वैसे अभेद सागर में
प्राणों का सृष्टि-क्रम है ;
सब में घुल मिल कर रस मय
रहता यह भाव चरम है।

अपने दुख सुख से पुलकित
यह मूर्त विश्व सचराचर ;
चिति का विराट वपु मंगल
यह सत्य सतत चिर सुन्दर।

सब की सेवा न परायी
वह अपनी सुख संसृति है ;
अपना ही अणु कण कण
द्वयता ही तो विस्मृति है।

मैं की मेरी चेतनता
सबको ही स्पर्श किये सी;
सब भिन्न परिस्थितियों की
है मादक घूँट पिये सी।

जग से ऊषा के दृग में
सो ले निशि की पलकों में;
हाँ स्वप्न देख ले सुन्दर
उलझन वाली अलकों में—

चेतन का साक्षी मानव
हो निर्विकार हँसता सा;
मानस के मधुर मिलन में
गहरे-गहरे धँसता सा।

सब भेद भाव भुलवा कर
दुख सुख को दृश्य बनाता;
मानव कह रे! 'यह मैं हूँ'
यह विश्व नीड़ बन जाता।"

श्रद्धा के मधु अधरों की
छोटी-छोटी रेखाएँ;
रागारुण किरण कला सी
विकसीं बन स्मिति लेखाएँ।

वह कामायानी जगत की
मङ्गल कामना अकेली;
थी ज्योतिष्मती प्रफुल्लित
मानस तट की वन बेली।

वह विश्व चेतना पुलकित
थी पूर्ण काम की प्रतिमा;
जैसे गंभीर महाह्रद
हो भरा विमल जल महिमा।

जिस मुरली के निस्वन से
यह शून्य रागमय होता;
वह कामायनी विहँसती
अग जग था मुखरित होता।

क्षण भर में सब परिवर्तित
अणु अणु थे विश्व कमल के;
पिंगल पराग से मचले
आनंद सुधा रस छलके।

अति मधुर गंधवह बहता
परिमल बूंदों से सिंचित;
सुख स्पर्श कमल केसर का
कर आया रज से रंजित।

जैसे असंख्य मुकुलों का
मादन विकास कर आया;
उनके अछूत अधरों का
कितना चुंबन भर लाया।

रुक रुक कर कुछ इठलाता
जैसे कुछ हो वह भूला;
नव कनक-कुसुम-रज धूसर
मकरंद जल सा फूला।

जैसे वनलक्ष्मी ने ही
बिखराया हो केस रज;
या हेमकूट हिम जल में
झलकता परछाई निज।

संसृति के मधुर मिलन के
उच्छ्वास बनाकर निज दस;
चल पड़े गगन आँगन में
कुछ गाते अभिनव मङ्गल।

वल्लरियाँ नृत्य निरत थीं
बिखरीं सुगंध की लहरें;
फिर वेणु रंध्र से उठकर
मूर्छना कहाँ अब ठहरे।

गूँजते मधुर नूपुर से
मदमाते होकर मधुकर;
वाणी की वीणा ध्वनि सी
भर उठी शून्य में झिलकर।

उन्माद माधव मलयानिल
दौड़े सब गिरते पड़ते;
परिमल से चली नहा कर
काकली, सुमन थे झड़ते।

सिकुड़न कौशेय वसन की
थी विश्व सुन्दरी तन पर;
या मादन मृदुतम कंपन
छायी सम्पूर्ण सृजन पर।

सुख सहचर दुःख विदूषक
परिहास पूर्ण कर अभिनय;
सब की विस्मृति के पट में
छिप बैठा था अब निर्भय।

थे डाल-डाल में मधुमय
मृदु मुकुल बने झालर से;
रस भार प्रफुल्ल सुमन सब
धीरे-धीरे से बरसे।

हिम खंड रश्मि मंडित हो
मणि-दीप प्रकाश दिखाता;
जिनसे समीर टकरा कर
अति मधुर मृदंग बजाता।

संगीत मनोहर उठता
मुरली बजती जीवन की;
संकेत कामना बन कर
बतलाती दिशा मिलन की।

रश्मियाँ बनीं अप्सरियाँ
अंतरिक्ष में नचती थीं;
परिमल का कन कन लेकर
निज रंगमंच रचती थीं।

मांसल सी आज हुई थी
हिमवती प्रकृति पाषाणी;
उस लास रास में विह्वल
थी हँसती सी कल्याणी।

वह चन्द्र किरीट रजत नग
स्पन्दित सा पुरूष पुरातन;
देखता मानसी गौरी
लहरों का कोमल नर्त्तन।

प्रतिफलित हुईं सब आँखें
उस प्रेम ज्योति विमला से;
सब पहचाने से लगते
अपनी ही एक कला से।

समरस थे जड़ या चेतन
सुन्दर साकार बना था;
चेतनता एक विलसती
आनंद अखंड घना था।

□□□